転換期を読む17

教育の人間学的考察

［増補改訂版］

マルティヌス・J・ランゲフェルト◆著
和田修二◆訳

未來社

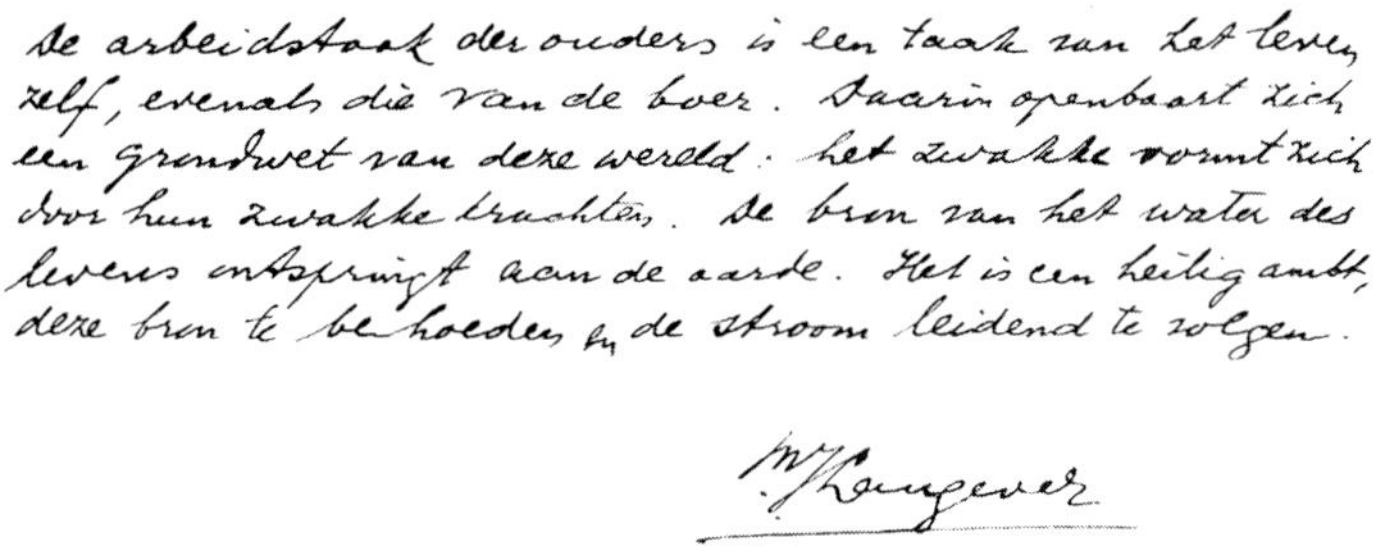

De arbeidstaak der ouders is een taak van het leven
zelf, evenals die van de boer. Daarin openbaart zich
een grondwet van deze wereld: het zwakke vormt zich
door hun zwakke krachten. De bron van het water des
levens ontspringt aan de aarde. Het is een heilig ambt,
deze bron te behoeden en de stroom leidend te volgen.

M. J. Langeveld

（上）書斎で執筆中のM. J. ランゲフェルト（1960年当時）

（下）本書の第4章「子供に対する両親の関係」の最後の一節（92頁）にあたるオランダ語原文

改訳版への原著者まえがき

この論文集が日本で新たに刊行されることは、私にとって大変名誉なことである。率直に言って、私は子供や両親をめぐる問題は、単に合理的に処理することのできない事柄だと思っている。われわれの子供に対する関係と、子供の大人に対する関係は、人間の生存の最も原初的な条件とかかわっており、人間の本能的、感覚的なものに根ざしている。そこでは、合理化は確かに一つの役割を果たしているが、それだけですべてを覆うことはできない。一方、西洋の伝統は、合理主義と数学や論理学や物理学を同一視し始め、また同一視し続けてきた。その結果、人間の理解は現実の生きた人間からますます遠いものになってしまった。したがってわれわれは、もう一度われわれが人間の最も基本的な状況と関係のなかで人間と出会うような、つまり、両親と子供、大人と未成熟な者との関係のなかで人間を見直すような、人間の哲学に立ち帰らなければならない。それというのも、人間はただ生みおとされるのではなく、両親や大人との関係のなかで教育されることによってはじめて人間らしい存在になるものだからである。その意味で、教育こそは人間性の最も基本的な前提であり、条件である。したがってわれわれは、人間を本質的に教育された、また教育しつつあるような存在として把えるところの哲学的な人間学を発達させなければならない。そこでは、合理性は人間の一つの局面にすぎないのであり、ただそれが理性を真に理性的たらしめる謙遜と愛とに向かうときにのみ、容認し得るものなのである。なぜなら、謙遜と愛とに支えられた理性のみが、他のさまざまな基本的な人間の可能性を正しく見分けるからである。教育の人間学的研究は、そのようなわけで、人間と教育の関係を、根本的で、豊かな、多面的な価値をもつものとして、考察しようとするものである。

M・J・ランゲフェルト

一九七九年九月

目次

凡例

一、本訳書は一九六六年刊行のランゲフェルド著／和田修二訳『教育の人間学的考察』、一九七三年刊行の同・改訳版を、このたびこれまでの版に一部修正とともに新たな一章と解説を加え、増補改訂版としてシリーズ「転換期を読む」の一冊として刊行するものである。なお、本訳書の原書は存在せず、単行本未収録論文を訳者の編集によって一冊となった本邦独自の編集本である。

二、巻頭に改訳版のさいの原著者（故人）からのまえがきを再録した。

三、原文イタリックの部分は書名を除き、傍点を付した。

四、原注は各章末にまとめた。

五、巻末に索引を新たに設け、人名には原綴を加えた。

教育の人間学的考察

【増補改訂版】

装幀――伊勢功治

第1章　教育学の解体と再統合

I

「いったい古きよき時代の教育学《ペタゴジー》に何が起こったのか」ということが、私のこの論文でとりあげ、またできれば幾分でも答えたいと思う問題である。というのは、古きよき時代の教育学は、現在の啓蒙されたわれわれの時代では、概して芳しくない評判を受けているからである。ある人々は、「教育学は理論的であるから退屈である」と言う。また他の人々は、「教育学は教育的な実践にとってなんの関係もないからだめだ」と言う。さらに多くの人々は、教育という事柄はともかくよく知らされているつもりだが、教育学にはこれまでまったくなじみがなかったので、そもそも教育学とは何だろうときく始末である。教育について語る場合、われわれの時代の多くの人々は、「教育学」がまさに古物となった一種の教育に関する駄弁であり、われわれは教育学の代りに現代の心理学や、心理療法、社会学、条件反射理論、発生学、政治的イデオロギーや経済学理論などから、より多くの、またよりよい教育の手段をうることができるという過激な立場をとっているのである。(訳注)

実際、イギリスやアメリカの思想家が教育を考えるさいに、「教育学」pedagogy, pedagogics という軽蔑された用語を使うまいとしているのは、注意すべきことである。もっとも、英語は、本来「教育」と教育の理論が区別されるときでも education の一語だけで間に合わせている。われわれはたとえば a student of education (教育の学生) といった表現をやむなく使っているが、これをドイツ語に翻訳するときは、ein Student der Erziehung (教育の実際を学んでいる学生) という意味にもなれば、ein Student der Erziehungswissenschaft (教育の学問を研究している学生) を意味することもできるであろう。また educational periodical (教育雑誌) という場合も、それが読者に対して教育的によい効果を与えるような雑誌のことか、あるいは教育に関する雑誌のことか問題である。また educational values (教育的価値) のような表現も二つの意味をもつことができ、educational principles (教育原理) についても、同じことがあてはまる。すなわち、これらは一つの首尾一貫した理論の体系的な構造の内部で考えられているのか、あるいは教育の実際的な過程の一部として考えられているのか明らかでない。したがって、「教育学」を実践的な価値が欠けていると言って批判する人々は、注意ぶかく識別さるべきものを混同してはならないのである。なぜなら、教育学の方がこのこと――すなわち教育のよき理論のみが、実践的でありうること――をよく知っているからである。

しかしながら、このように術語に区別が足りないということは、英語という言語の特徴であろう。他のゲルマン語やロマンス語は、教育を表わす語が同時に教育の理論的な関心と経験的な探究を表わす名前でもあるという困難はもっていない。このことは「教育学」という語がじつはきわめて有用なものであること、またわれわれが教育を体系的な形で考察し始めると同時に、われわれがその語を見失うということでもある。

それならば、教育学が今日のように無視されるに至ったのはなぜであるか。「教育学は単調で退屈だから勝手に死滅させたらよい」というだけでは十分でない。われわれは「それが本当に単調で退屈であったか」と問わねばならず、また退屈だったとしたら「なぜ退屈だったのか」を問わねばならない。われわれにとっては、英語に表わされた十八、九世紀の「教育学」は、いうなればまったく平板で、血色の悪い貧弱な体格の婦人のように見える。英国人は――彼らが自分をそう思いたがるように――われわれよりも実践的な関心がいっそう強いため、教育学という老嬢の部屋を素通りして、彼女なしで一つの学校体系を作り出そうとした。多かれ少なかれ同じことはアメリカの歴史についても言うことができる。もっとも、十九世紀の終りに、教育哲学と学校づくりの実践がジョン・デューイのような人のなかに現われたし、デューイの同胞でありわれわれと同時代の人であるブルーバッカーは、デューイをプラトン以来の最も重要な教育思想家だと呼んでいるほどである。しかし、私はデューイをプラトン以来の教育思想家と呼ぶのは、二重に過大な表現であると思う。なぜなら、私は本質的にはプラトンを教育専門家であるとは考えないし、デューイはふつうの教育哲学者にすぎないと思うからである。

　もちろん、私はこれが大変な異説であるということを承知している。しかし私の考えでは、プラグマティズムは安価な哲学であり、プラトンは教育の基礎的な諸事実についてはほとんどなにも考えていなかった。そして事実を知らない人は、事実についての理論を作り出す資格をもつことはむずかしい。またプラグマティズムについて言えば、それが教育にとって不適切であることは、教育者には自明のことである。プラグマティズムの土台は、その実験的な性格にある。しかし、われわれがその実験の全対象とただ一度しか実験を試みる機会がないようなところでは、われわれは「実験」について語ることはできない。そして人はただ一つの生涯しかもたないのだから、われわれはプラグマティズムを教育に対して根本的に適用可能なものとしては受け入れることができないのである。結局プラグマティズムは、教育についての根本的な決断がなされたあとでのみ、ある一定の有効性を、主として教授学の分野でもつことができるのである。しかし、プラグマティズムにとっては、この有効性そのものがじつは身上なのであり、デューイの思想の広汎な影響を満足に説明するものなのである。

　しかし、このことはまた、まったく別の事実にわれわれを気づかせる。デューイのプラグマティズムを動かしているのは、基本的には「教育学的」な価値ではなく、学校生活や学習や授業に対する特別な関心であった。これは教育学の全体的な評価が下落し、教育学の代りに授業の問題や学校生活の問題が、ますます高く評価されてゆくことにはっきりと出ている。英語では「教育」が学校のなかで行なわれつつあると思われるものを意味していることは、まったく疑いの余地がない。「教育の心理学」と呼ばれる本の内容は、ほとんどと言ってよいほど教授や学習や教科およびその種の問題の心理学以外の何ものでもない。デューイによる図書分類は世界的に認められ用いられているが、教育関係の図書の最初の問題領域として、教師・方法・教科、初等教育・中等教育・大学教育、就学前教育をあげている。そして次の範疇は家庭教育・自己教育・教養であるが、これはわれわれに非学校的な教育を想わせるにもかかわらず、実際には次の項がまたカリキュラムとなっているのである。

　こうした見方は決して過去のものとなってしまったわけではない。その逆である。近来アメリカが行なった最もすぐれた教育学的業績の一つである最近の出版物をとりあげてみよう。私の言うのは一九五五年に出版された全米教育研究協会の『第五四年報』(1)のことであるが、この本には教育哲学に関する多数の論文がのせられている。そのなかでアラバマ大学のファイブルマン教授が、「教育は既知のものの公的なコミュニケーションとして定義されよう」(p. 358)と書いている。われわれは、そこに教育が知識の教授や学習と同じ意味のものにされているのを知るのである。このことは、ファイブルマン教授が教育を完全に教授学に従属させているのをみるとき、いっそうはっきりと真実になる。もっとも、彼は教授学よりはいくらか漠然とした術語、すなわち「修辞学」を好んで用いている。彼は、「一つの見方からすれば、教育とは修辞学の諸原理に基づいて存在する知識を獲得することである。修辞学は交信の理論である。教育の理論は純粋修辞学の一分枝である。したがって教育の実施は応用修辞学である」(p. 342) と言う。私はこうした意見をここで議論するつもりはない。ただこの年報に書いたアメリカの指導的な教育者たちが、いぜんとしてデューイと同じような仕方で教育を限定しているということを明らかにしたいのである。

まったく違った観点から、われわれは十九世紀の教育学が生み出したものの限界に注目してみたい。またデューイを例にとってみよう。われわれが彼の『民主主義と教育』をとりあげるのは、この本が世界の最も偉大な精神的業績のなかでも特に注目に値する教育の古典と考えられているからである。教育とは何であるかを発見するためにこの本を開いてみて、驚くべきことに、私はこの本のほとんどどこにも、子供や家庭や家族や両親が現われないことに気づくのである。このことは、アングロ・サクソン的な世界では、「教育」が学校教育のなかに、すなわち学校が何をなさねばならないかという問題に、まったく埋没してしまっていることを物語っている。

ドイツでも、教育学は一つの学術的な教科として、同じような発達を経て、同じような限界に進みつつあるようにみえる。ヘルバルトとその一派は、両親の教育のようなものの重要さを理解してはいたが、彼らの仕事の主要な関心は、教授学とあらゆる段階の学校組織の整備に注がれていた。われわれはここでもデューイとその一派、マリア・モンテソーリとその一派の場合とちょうど同じように、家庭はいかに子供を教育すべきかを学校から学ばねばならないという考えに出会うのである。だが、このことが或る点においてどれほど正しいものであれ、同様に根本的な重要さをもつ二つの事実が残っている。すなわち、まず第一に、学校はただ多年の家庭教育のあとに始まるということ、第二に、両親には本質的に両親がしなければならない両親の仕事があり、両親が責任をもって達成すべき多数の課題と注意すべき問題点をもっているということである。

　大学での教科としての教育学の歴史は、ドイツにおいても他のどこの国においても、教師養成のための理論へと狭小化している。しかし他方では、教育学に対する哲学的な関心が存在しているが、これは実践的経験の事実については貧弱な認識しかもたず、また教育者や教育学者にとってはあまりに純粋に哲学的でありすぎる。

　アメリカがデューイを生み、ドイツがケルシェンシュタイナーを生んだこと、また両者とも現代社会によりよく適応した学校組織を計画したことは、まったく偶然のことではない。両者はともに教育というより学校が何をなすべきかに関心をもったのであり、その限りにおいていずれも真に「教育哲学」の名に値するようなものは作り出さなかったのである。

　さらに、教育学がただ教師養成との関係において大学に入ってきたという事実が、大学出の教師に教育の他の視点をしばしば無視させることになった。十九世紀における学校の社会的な重要性の増大と、当時の進歩派がもっていた、知識一般が増大すれば人間生活における人間らしさも増大するという確信が、誤った想定、すなわち教師を訓練するか、教育の哲学について一冊の本を書くかすれば、われわれが十分に教育に従事していることになるといった見方を広めていた。そのうえ、われわれは、ある国々においては、教育についての学術的な講義は、大学の学部や評議会から、彼らが「学問」あるいは「文化」と考えていたものの名において抑圧されたということをつけ加えなければならない。それが大学に受け容れられた場合でも、ただ「教育の歴史」あるいは「二級の哲学」として許されているのが常であった。

しかし、人々がいかに教育を正しく行なっていないにせよ、また教育の問題について大学の学部が何をなし、何をなすことに失敗しているにせよ、人々は絶えず子供を生みつづけており、両親は絶えず子供を教育しつづけている。権威ある古典的著作と見なされているものにみる両親の教育のまったく貧弱な叙述は、もちろんデューイだけに限らない。『第五四年報』を例に出すなら、人はそこにも両親、家族、家庭、あるいは子供すら不在であることを発見するだろう。あるいは別の例として、私がずっと高く評価しているブルーバッカーの『現代教育哲学』(2)をあげてもよい。この著者は確かに家族に言及してはいるが、この本は実際に両親による教育については三行ほどしか紙面をさいていないのである。この点、ブルーバッカー教授といえどもまったく例外ではない。

このような事実からわれわれが引き出すことのできる結論は、明らかに「教育学」が十九世紀の末及び二十世紀において最悪の状態にあったこと、教育学そのものが死に瀕していたわけを説明するのに役立つ。生き残ったものは、教育学の最も形式的な制度化された部分、すなわち学校の問題に限られた。そしてそこですらそれは貧弱なものであった。教育学の哲学的な発達は、ほとんどなんの関心ももたれなかった。それどころか、その無価値さを表わすためには、まさにそれを「哲学」として分類するだけで十分であった。というのは、「哲学」という語はあまりにも抽象的で、高遠な性格をもつために、われわれがとうていそれに関わることのできないような何かを示すためによく用いられているからである。われわれはほぼ確実に、一般に誰もが「教育学」を哲学的な成分と方法によって、哲学の台所で準備され調料されその後に教育という食卓に供えられる料理のように考えている、ということができるであろう。もっともこの料理たるや、不幸にしてお客が消化するどころか触れることさえできぬほど熱すぎるのであるが。私が読むことのできるかぎりの言語で書かれた教育書のうち、自分の立場を哲学あるいはなんらかの他の公理的な原則から演繹することによって構築するのではなく、少なくとも主題の論究をこの主題を第一にねばり強く見つめることから出発させようとし、教育的事実の注意深い、予備的な分析からその論点をとり出すように試みた「教育学」の例は、ごく少数しかない。われわれが一方では「教育」という相互的な作用過程のなかにいる子供と両親の基礎的な状況を分析することが根源的に必要であることを自覚せず、また他方では学校がこの教育という全過程の意味を決める実際上唯一の戦場であると考えたとき、「教育学」が解体したのは驚くに足りぬことであった。このような「教育学」はおよそ味気のないものとなり、その要求するところが不遜で、非現実的となるのは当然である。それは自己の根本的な位置と、それが適用できる可能な範囲を過大評価する。その結果は誰もが不満足である。

　では、われわれはいま何が起こりつつあるのをみるか。元来、教育学についてはいかなる学問的知識も、経験も、関心さえももっていなかったようなあらゆる種類の専門家が、教育学的にきわめて重要な意味をもつ問題に従事していることは、偏見のない心で物事をみる人なら誰にでも明らかであろう。ここでわれわれが教育的状況と呼ぶところの一つの相互作用として、子供と両親の関係の問題を考えてみよう。この状況を最もくわしく研究したのは誰か。それは「教育学者」であるはずである。しかし、残念ながらわれわれはそうした例はまったく稀であることを告白しなければならない。それは主として医学的な訓練を受けた、精神疾患の分野で経験を積んだ男女によってなされたのであり、精神病理学者によって、その学問領域の枠内でなされたのである。しかし、その前には誰が精神病者や逸脱行動者、神経症患者や大人との交渉を通して教育の基礎的な状況についての事実を蒐集しようとすることを考えたであろうか。そして両親と子供が一部は社会的環境によって限定され、一部はそれを乗り越えながら、しかも常に環境との相互的な行為のやりとりのなかで、彼らがそこで実際に「仕事を行なっている」ような環境をいったい誰が調べはじめ、誰がそれを研究したか。そしてわれわれは、またもや恥じらいつつ言わなければならないのである――それは第一に教育学者ではなかった。その学問訓練に関する限り、教育学からはまったく遠い人、社会学者であったと。また、精神発達やそれと関係のある事柄を研究したのは誰だったか。子供と本当にいっしょに生きたのは、はたして教育学者であったか。ここでもまた、答は否なのである。

教育心理学が完全に羽の生え揃った一つの学問の状態に急速に成長したことに伴い、教育者が教育的な過程のなかに巻きこまれている子供という「人間資材」の性質について何かを述べるときは、この学問を頼りにする傾向がますます増大してきた。いまやいかなる問題も、心理学によって解けるようにみえる。心理学者が教育学に感染することが少なければ少ないほど、彼の権威はますます高くなる。あるいはそれだけ彼がアマチュアと見なされることが少なくなる。ある人の受けた心理学的訓練や専攻した心理学の分野が何であれ、また行動主義とか精神分析学とか条件反射学等々、彼の心理学的な観点がどのようなものであれ、しばしば心理学者自身が自分こそ教育的な問題についての相談に応ずべき専門家であると思っているのである。

これはまったく典型的にヨーロッパ的、またはアメリカ的、あるいは一般に西欧的な傾向ではない。なぜなら、同じことはロシア人にも言えるからである。心理学に関しては、彼らは時計をパブロフの時代に逆行させた。われわれはパブロフが一九〇三年にノーベル賞を受けたということを認識すべきである。そしてわれわれはしばしばじつにナイーヴに彼らが教育を一種の技術と見なしているのを知ってじっさい驚くのである。もちろんいろいろな価値は、今度はアメリカ人が「民主主義」と呼ぶものに由来するのではなく、ロシア人の言う「共産主義」から発出するのであるが、特に驚かざるをえないのは、この種の心理学者から、心理学にとって代わったソビエトの神経機構学のまだ発達していない他の国々では、ものごとがいかに遅れているかを説教されることである。なぜならパブロフの仕事が初めて英訳され、アメリカに現われた一九二八年には、むしろ今日のロシア人を満足させることができるような一種の生理学主義によってよく準備された基盤がすでにあったからである。しかしその後、心理学にはある変化が起こってしまったのであり、たとえばワトソンの行動主義は、ティルクインがみごとに示したように、トールマンの行動主義とはほとんどなんの関係もないのである。

ドイツでは、パブロフの条件反射学は、エルヴィン・シュトラウスによって一九三五年の『感覚の意味』のなかでみごとに批判されている。[3] しかし、今日のロシアの心理学は、人間に関するいかなる問題、教育に関するいかなる問題の解決にもそれが絶対的な重要性をもつという確信を少しも失っていない。もっとも、行政あるいは組織上のある事柄と、もちろん価値についてのある事柄は別である。というのは、こうした最後のものは共産主義によって条件づけられているからであり、それらはこの種のマルクス主義から教育の領域へと、あたかもある金属の性質についての知識をある値段の範囲内で作ろうとしている機械のある一片の製造に応用するような素朴さをもって、持ちこまれるからである。しかし、この「教育技術者」という観念はロシア人から生まれたものではなく、レーヴィス・ターマンという有名なアメリカの心理学者に端を発しているのである。もちろんわれわれは、ターマンの意図が子供をあたかも物質的な対象のように取り扱うことにあったのではないということを知っている。だが彼は、自分が好んでeducational engineering（教育工学）と呼んだところの一種の子供と子供の能力の分類をしようとした。このようなことを言うのは、決してターマンの功績を引き下げるためではない。ただ、こうした教育的な問題に対する研究態度が、政治的に言ってまったく罪のない、また真面目な意図によるものであっても、本質的に人間と人間の教育についての同じ自然主義的な単純化の上に建てられていること、またこれまでより有害でないとはいえないような政治的、社会的な行動の体系のなかで、共産主義その他の名のもとに子供を操縦し教えこみ、適当な配置につけるために他のところで役立ったということを指摘しなければならないからである。ある事柄の展開によって、人間が人間に何をすることができるかを知って恐れをなしたチャールス・モーガンは、『精神の自由』（一九五一）という著作の主要な部分を、こうした形での人間関係における人格的な責任の機械化を論ずることにあてている。(4) 子供は客観的、科学的知識の名において分類され、彼らが達することはできないと見做された可能性から除外される。しかし、モーガンはこうした操作が人を純粋な対象へと変えてしまう可能性のあることを怖れるのである。このため、彼は自分がまえに使った「切替管理」という用語の代りに「所有的管理」について語る方が適当であると考えるのである。こうした問題は、もし真剣にとりあげられるなら、不可避的に「教育学的」な議論に落ち着くであろう。それは「心理学」のような事実関係の確定をこととする重要な学問でさえ自己充足するわけにはゆかず、「教育学」の光のなかで見られなければならないことを裏書きするものである。

II

これまで私は「教育学」の発達に対してのみならず、教育学に代わった、あるいは教育学を補ってきた補助科学の研究方法の発達に対してもまったく批判的な立場をとってきたが、今度はその観点を全面的に変えてみたいと思う。つまり、私は教育学に起こった事柄の積極的な価値を示してみたいと思うのである。そしてできれば教育学者としてのわれわれの現在の義務が何であるかを明らかにしたいのである。

私の考えの筋道を簡単に描いてみよう。幾世紀もの間、教育問題に対する人間の理論的な関心は、何にもまして大人の社会のための配慮から、よき市民やよきキリスト教徒の形成という観点から、決定されてきた。かりによい教育学的な理念が実行されたとしても、実際に影響を受けた子供の数は、いつもその国の人口全体の割合からすれば微々たるものであった。そのかぎりでは、多くの心理学者が自分の学問を「心不在の心理学」だと言ったように、われわれも「子供不在の教育学」だったと言うことができる。のちの時代になると、主として教育の強く制度化された側面──「学校」と「授業」──に関心が集まるようになるが、それとともに、子供や子供の直接の教育者や環境の理解が始まるのである。

ヨーロッパにおける最も貴族的な絶対君主制とその統治形式が道義的に――まだ政治的にではない――崩壊したのちに、しかしこうした政治的革命のための精神的な準備段階においてすでに、子供や子供の両親、子供の環境の発見が始まった。十八世紀の中頃から、フランス革命以来、欧米の工業化や人口の大増加、医療や衛生の発達、労働階級と婦人の解放とともに、子供と人間の発達に対する考え方に根本的な変化が起こった。われわれはこうした出来事と並んで、また一部はそれと結びついて、哲学的思考に一つの前進が起こったことを銘記すべきである。デカルトにとっては、幼児は哲学的に言って何であるか疑問であるはずである。というのは、ものを語らぬかぎり、デカルトにはこの生物が一匹の若い動物と本質的に違うという明白な根拠がないからである。結局それは一つの小機械であろう。動物はデカルト主義者には明らかに一個の機械なのである。

それにもかかわらず、幼児は人間から生まれてくる。したがって幼児は「広がりをもつもの《レス・エクステンサ》」以上であるはずである。それは「考えるもの《レス・コギタンス》」に変わるはずである。では子供とは何であるか。それは「人間以下」の生物であり「動物以上」の生物であるが、それ自体としてはまだ何ものでもない。十七世紀の終りと十八世紀において、まだダーウィンによって科学的な進化の観念が作り出される以前に、たとえばライプニッツのような哲学者たちは、物質、植物、動物、人間をそれぞれ部分として一つの連続的統一を形成しているような整然と一貫した宇宙を考えた。ここではもはや人間と物というデカルト的二元論は受け入れられない。そして一つの哲学的な連続性の理論のなかで、子供を動物でもなければ完全な人間でもないような一個の独自な存在として哲学的に理解する可能性と、政治的経済的文化的生活に対する批判的な傾向とが合致し、大人がもはやなんら非難の余地のないほど自分がよく行為しているとは信じなくなるとき、読者はそこにルソーの位置をみるであろう。

子供と子供の発達の基礎的な事実を蒐集しようとする最初の試みは、フランス革命とナポレオン戦争の嵐によって挫折した。この種の研究が再び始まったのは、次の世紀の末である。このことを証明する二つの事実をあげてみよう。ティーデマンの『子供の心的能力の発達に関する観察[5]』は一七八七年にさかのぼるが、その抜粋がパリで出版されるのは一八八一年であり、ドイツ語版が現われるのは一八九七年である。

しかし、こうした年月の間に、工業化が何をもたらすかが明白になってきた。社会と両親がともどもに子供に加えた虐待は想像以上のものがある。(「リバプール児童虐待禁止協会」は一八八三年にはじめて創設された。)その後、遺棄された子供、知恵遅れの子供、盲目や聾唖の子供が次第に人々の注意をひくようになり、子供と子供の環境、子供の生活と教育の条件の研究が発達し始めた。しかし、われわれはこの間に起こった四つの事実に注意しなければならない。

1、だいたい一八四二年頃、オーギュスト・コントによって社会学が新しい学問として創設された。

2、教育学者たちは、一般に認められるかぎり、もっぱら学校制度の建設のために完全に没頭していた。

3、心理学が同時代の生理学から強い制約を受けながら最初の経験的探究を開始した。しかし、その後も長いあいだ生理学の支配下にあった。

4、哲学は教育学の基本的な関心事に対してはただ弱い関係しかもたなった。このことは、哲学的人間学が現在のような有力な位置をうるに至らなかった第二次大戦前には、なおさらそうであった。しかし、倫理学と神学は、教育学に対してなんらかの直接的関係をもっていた。教育学に対する強い偏見と敵意の一つが、主として教育学的思考のもつ道徳臭に向けられてきたことは、この点で不思議ではないのである。

こうしたすべての事実と状況を反省することによって、われわれは教育学の近来の発達、現在の位置、将来の目標を解明するような多くの結論を引き出すことができよう。

第一に、教育学の研究が本当に可能になるまでには幾世紀もかかったこと。それは、両親や共同社会のもつ直覚的伝統的なものの見方のかげに、子供がしばしばかくされていたためだけでなく、子供と子供の教育の取扱いに当たって依拠すべき人間の基本的概念を、哲学の世界、あるいは一般的に言って学問的な世界がまだもっていなかったからである。そのうえ、経験的な資料の蒐集に対する関心の開始は、社会的な事件によって長いあいだ妨げられたのである。

第二に、十九世紀における教育学者の第一の課題（学校体系の樹立）が、彼らの活動を教育の全体的な領域のなかの重要ではあるが限られた分野に引き留めたこと。

第三に、工業化された世界の初期の社会的状況、諸科学の発達、教育的状況からはまったく離れた領域における心理学の——一種の心理学の——発生が教育学を阻害したこと。

第四に、教育学になんら直接的な刺戟を与えることのないような理論体系の構築に向かう哲学の偏執が、教育学の生産的な活動を妨げるような状況をつくったこと。

これらすべての条件が、教育学のほとんど不毛で、また確信のない状況を生み出したと言える。教育学の研究が当面しているこうした事態は、また、教育学の解体、統一の喪失として記述することもできる。教育学の重要性は、もちろん教育に最も近いところにいた人々によって認知されたのであるが、その一つの発達の結果は先に述べた通りである。たぶんそこで非難に値するようにみえた事柄は、実際には批判的に評価さるべき分化の過程であり、多くの点で教育学の前進のしるしでもあるような価値ある解体の過程であったのである。というのは、かつて哲学からさまざまな種類の学問が分化したように、そして多様な諸科学の一つの全体的体系が現われたように、われわれはいま、さまざまな教育学研究の集塊が発達しつつあるのだと考えてもよいからである。この場合の主要な問題は、教育学の観点から言えば、その異質性であろう。そして当分はこうしたすべての理論と実践の対象——子供——が最も異質的な形で研究されることになろうし、したがってその結果にはしばしば問題があろう。われわれがこうした異なった研究方法を、統一と首尾一貫性をもった一つの理論へと再統合する必要のあることは疑いない。しかしまた、なんの統一もなくばらばらに行なわれている研究が、じつは莫大な事実と方法の増加と蓄積をもたらしたことも疑うことはできないのである。

先の時代では、教育学の単調さが主な欠点であったかもしれない。しかし今日の教育研究の主要な欠点は、その経験的な範囲が広大となったことと、あらゆる専門化が統一を失ってしまっている状況にある。哲学の教授でありながら心理学や教育学の世話もやくというのは、すでにヴントの時代に一つの戯画であった。今日では一学部をあげても、ようやく教えられねばならない教育学の領域のうちの幾つかを取り扱うことができるだけであろう。したがって、もし教育学を専攻する学部がない場合には、専門化した研究を推進し、また多様な目的をもって教育学を学びにくる学生を理論的にも実践的にも訓練してゆくために、有能な研究員を揃えた研究所がなければならない。この訓練のために前もって必要な諸条件を考えるとき、ヨーロッパに大学ができて以来、法学や神学の領域において必要を認められてきたところのもの、すなわち完全な一学部を、教育学のために要求することはまったく正当なことなのである。

III

これまで主として教育学に属するとは考えられていなかったような或る出版物——たとえば精神医学とか心理学とか社会学の——を、私がいま教育学の発達のしるしとして引合いに出すとしても、もはや誤解されることはないであろう。というのは、いかに現に不統一であっても、教育学が本質的に統一をなしていることは否定できないし、また、いかにひとが好もうと好むまいと、たとえば家族の社会学、基礎的な人格についての理論、第二次大戦中及びそれ以後における施設児の死因の再発見、同化の現象、実験児童心理学、一年生の態度に対する学校の接近法、少年ギャングの出現等のような一見きわめて大きく離れた事柄が、究極的には一つに統合される連関の一部をなしていることを否定できないからである。

社会学者、文化人類学者、精神医学者、心理学者、犯罪学者がそれぞれの分野で働く専門家であることは事実であるが、それにもかかわらず、彼らは同一の目標を目ざしている。すなわち、彼らは子供の成長を助成しようとしているのであり、両親がその子供を教育するのを援助しようとしているのである。われわれはこうした知識と活動の領域全体を「教育学」——たとえ教育学という名が固苦しく冗漫で道徳臭い感情を引き起こすにせよ——だと呼んでもよかろう。

教育学者にとって真の試練は、教育者がその火を燃やすためにかくも多くの異なった場所で薪木を集めなければならないこと、またその綜合がしばしば未熟であるということである。私はたとえばスイスの精神医学者シャルル・オーディエの不成功だった冒険のことを考える。彼は『不安と魔術的思考[6]』のなかで、ジャン・ピアジェの児童心理学とフロイトの精神分析学とを綜合しようと試みた。しかし彼の綜合がいかに不成功であるにせよ、われわれは精神分析学がいつの日か正常な教育心理学へと統合されるであろうということ——たとえわれわれの立場がいかに精神分析学に対して批判的であっても、またわれわれがいかに児童心理学に関する多くの本に失望しているにしても——を知っている。

われわれが、人格形成の問題について考えるとき、われわれは、ルドウィヒ・ウィリアム・シュテルンと彼の決して十分に評価されることのなかった「人格主義」や、エドワルト・シュプランガーのような哲学者と、彼の有名な、古くはなったがいぜんとして教えられるところの多い「生の形式」や、またアメリカ人及びアメリカに移住したヨーロッパ人——たとえばヘンリー・マレーとクライド・クラックホーンやカーディナーの周囲に集った人たち——が行なったこの問題の生態学的、生物学的、社会学的、文化的な研究と業績や、ミケール・デュフレーヌのようなフランス人によるこれらの問題のみごとな解釈[7]や、私の同胞であり師であるフィリップ・コーンスタムとその仕事といったじつに多くの違った研究者のことが思い浮かぶであろう。コーンスタムはすでに四十年前に、彼の人格主義的な哲学と教育学のなかで、また同じく教授学の分野における多くの実験的な研究著作のなかで、フロイトの精神分析学とオットー・

ゼルツの思考心理学、シュテルンの仕事、アメリカの学者たちがしているような子供のテストの問題などのごとき、本質的に異なった学問的成果のすべてを、人間の全体的な把握についての哲学的な意味を深く理解することによって統合したのであった。

私はもう一度だけ人格形成に関する一つの例をとりあげることで、われわれが相談しなければならないところの、またわれわれと連帯責任をもつ協働者としてわれわれが対さなければならないところの人々すべての枚挙をやめよう。教育学者はこの問題について現代産業の管理者、政治指導者、教会の主要人物らと語り合うべきであろう。いったい彼らは人間に――企業化された世界のなかに生きる人間、しかし自分の問題が企業によっては解決できないような人間、時代の政治的緊張のなかに生きる人間、しばしば教会は自分に対してなんの福音ももたらさないと感じている人間、しかしまだ政治的指導者あるいは教会によって大いに影響されるかもしれないような人間に、何になることを欲しているのか。このような人格形成の全体的な見通しは、倫理学と関係するはずであり、人間が何であるかということの根本的な解釈とかかわらねばならない。そこに教育学は、われわれの時代の巨大な諸悲劇に注意を向け、何が人間の尊厳にふさわしく、またふさわしくないか、「人間の尊厳」といった言葉はそもそも何を意味するのかという問題に向き合うことになるのである。

ここに至って、教育学の閉塞状態は完全に終りとなる。なぜなら、教育学はいまや人間的な葛藤の戦場に立ち入ってしまったからであり、共産主義や民主主義、人道主義、実存主義などの強い勢力と対決せねばならず、戦争でひとを殺すか、占領された国における抵抗運動の「非合法な」行為に加担するか、精神病者を殺すか、または精神障害者を教育し世話するか、宣伝や抑圧によってひとを「条件づける」か、あるいはひとを神の自由のなかに立つように教育するかといった葛藤に巻き込まれざるをえないからである。

われわれは教育学が現代の最も悲劇的な焦眉の学問となったことを知らなくてはならない。われわれは子供が何になり、また何であるように助けようとしているのか。子供は何のために生き、何のために死ななければならないのか。われわれは何と、また誰と戦い、何と誰とを守らねばならないのか。

「教育学的理論」の統一が求められるのは、抽象的な研究上の必要からではない。それを命じているのは、生活それ自体なのである。このことはわれわれが青少年の非行をみるとき、ことに明瞭である。非行問題を通じて、われわれは現代の余暇と繁栄の諸問題にふれるのであり、工業化と都市化にともなって懐にあまりにも多くの金を、その手にあまりにも多くの時間をもちながら、あまりにも少ししか自己形成と発達への人格的衝迫をもたない若者たちの出現に直面する。われわれはこの若者の非人格化の問題、人間の人格の「形成不全」の問題を、世界の到るところでみるのである。

ここに再び、教育学はさまざまな学問、社会的活動及び責任の分野で働いている人々を結集するところの、人間的に重大な意義のある活動分野であることが明らかとなる。もしそれぞれの分野で働いているこれらの人々が、自分たちがそれに基づいて活動すべき統一的、統合的な整然と一貫した基礎的な説明の理論を発見し、あるいは発達させることがないならば、彼らの活動は統一のないままとなり、彼らの成果はつじつまの合わぬものに終わるであろう。「教育学」は子供のために再統合されなければならない。もし世界のある一部が、こうした欠陥を研究し、理解し、訂正するために訓練された有能な教育学者をもたない場合、それはただ単にその国だけの責任にとどまらず、国際的な責任の重大な無視となる。今日ヨーロッパ諸国は密接な網の目をなしており、そのなかの一国における教育問題の皮相な処理は、結局は決して一つの特定の国に限られないところの一つの体制をくつがえすような困難を生み出すであろう。われわれが「教育問題の皮相な処理」はかかる結果に導くであろうというとき、われわれはナチス・ドイツによって十分に実演されたような、国際的な影響をもちうるひどく誤った教育の形式のことを想起しなければならない。

世界の多くの国では、こうした責任は初めて、また若者のために、一九二九年から一九三七年の時期において、若者の失業とともに痛感されたのであった。そして第二次大戦後再びわれわれはこの問題が異なった国々の教育学者や社会学者、心理学者によって研究されているのをみるのである。ほんの二、三の名をあげるだけでも、ハンブルクのシェル石油会社に後援された二つのドイツの報告書とか、シェルスキーやヴルツバッヘルの社会学的な労作、オーストリアのカール・ベドナリクの本などがその例である。しかし、これらの本のとりあげた問題と理論は、たとえば、アルバート・コーエンの「下位文化」の観念や、非行的な下位文化が提供するものについての考えと密接な学問的関係にあることは誰も否定できないであろう。もし地位の問題、他の人々に対してどう自分自身を測るかという問題が、下位文化集団の発生に根本的な重要性をもつものであるとすれば、われわれはときに歴史的な記憶の薄いアメリカの友人たちに、自己評価のメカニズムがアドラーのいわゆる「個人心理学」の基調であるということ、及びこの問題についてのアドラーの考えは一九〇七年に、彼が『器官の劣等性』[8]を出版した年にさかのぼることを思い出させなければならない。そしてもし「教育学」の主たる難点が単調で退屈であるという点にあるのではなく、われわれが実際に毎日の問題によって足許をさらわれているということ、そして同じ円周上での異なった地点に導くような多数の放射線状の路地をかけ下りつつあるということをわれわれが気づかずにいたことにあるというのが真実であるとすれば、そのときわれわれはまさにさまざまなお互いに分裂した活動のなかで圧倒されるという危険にさらされているのである。教育学の当面する問題は、解体の危険である。これは異質的な前提の上に立って、とうてい両立しえないような目標に向かって働きつつあるさまざまな世話人たちの一貫性のない行為を生み出すからである。この解体は教育学のあらゆる領域にはっきりと現われている。そしてまず第一にその犠牲とならなければならないのは、このために内面的な混乱におちいる子供自身である。そして第二には、八方から与えられるさまざまな勧告の小片を綴り合わせようと苦悶する一般の教育者である。

われわれの課題は、多様な解釈を受け入れること、われわれ自身の研究と経験によって証拠を比較考量すること、破壊的な異常発達を抑止すること、放っておけばついには善をなすよりは害をなすかもしれないようなものを基本的な理念の体系のなかに統合することである。

われわれ教育学者は、もう一度われわれの仕事の根本的な統一をなしている公理的な意味が子供の教育という点にあることを認識しなければならない。われわれは「専門家」たちの無数の抱負の藪の中に子供を見失うかわりに、どのような両親ももっている責任、すなわち子供に道を指し示し、その道に従って子供を助けるという責任をわれわれの上に引き受けなければならない。われわれはそれを、この課題の巨大さの前に全き謙虚さをもって、行なわなければならないのである。

もし教育学がそれでもまだ退屈で無用だと考えられるなら、そのときこそわれわれは、人間の文化がその最後の希望を失ったと信じてもよいであろう。

(1) *The 54th Yearbook of the National Society for the Study of Education*, 1955.

(2) J. S. Brubacher, *Modern Philosophies of Education*, 1950.

(3) Erwin Straus, *Vom Sinn der Sinne*, 1935.

(4) Ch. Morgan, *Liberties of the Mind*, London 1951. 同じく Colin Wilson, *The Outsider*, London 1959. William H. Whyte Jr., *The Organisation Man*, New York 1956. Vance Packard, *The Hidden Persuader*, New York 1957 を見よ。

（5）D. Tiedemann, *Beodachtungen über die Entwicklung der Seelenfähigkeiten bei Kindern*, 1897.

（6）Ch. Odier, *L'angoisse et la pensée magique. Essai d'analyse psychogénétique appliquée à la phobie et la Keurose d'abandon.* Delachaux & Niestlé, Neuchâtel. Paris 1947.

（7）M. Dufrenne, *La personnalité de base. Un concept sociologique*, Paris 1953.

（8）Adler, *Minderwertigkeit von Organen*, 1907.

（訳注）われわれが今日、日常的に使っている「教育」という日本語は、実は明治になって我が国が近代化のために欧米の文物をとり入れるさい、エデュケイションの訳語として使われてから広まったものである。これに対してペダゴジーは、語源的に古代ギリシャにさかのぼる語で、もとは「子供の指導法」を意味した。他方、明治以前の我が国で子育てにあたって日常的に使われていた語は「しつけ」や「けいこ」「みならい」等で、幕末期の寺子屋や私塾では技芸を教えることと人の道を教えることは一つのことと考えられていた。この教育観は近代的な学校教育の発達とともにしだいに忘れられただけでなく、戦後の日本の教育界でも一時期、非科学的で権威的な教え方として批判されたのである。

第2章　子供の人間学

なぜわれわれはこの頃になって子供の「人間学《アントロポロギー》」*Anthropologie* を問題にするのか。人間学よりももっとよく知られた、またよく使われる「心理学」とか「教育学」とか「社会学」とかいった言葉があるではないか。じつは、子供の存在のある一面を言いあてた言葉はあるのだが、子供の存在それ自体を言い当てるようなよい言葉がないからこそ、われわれはこのような術語を用いるのである。われわれが子供の「人間学」という言葉を選んだのは、この言葉が人間存在一般の一つの様式として子供の存在を問題にするからであり、したがって子供を人間に本質的なものとして取り扱うからである。そしてまた、人間についての学説を、ひとが一般に人間学と呼んでいるからである。もっとも、生物学の一分枝としての自然的人間学なるものも確かに存在する。この自然的人間学は、人間を純粋に生物学的な観察、すなわち自然科学的な観察の対象としてのみ問題にしている。したがって、人間学という表現にも難点がないわけではなく、人間学のかわりに「児童学《ペドロギー》」*Pädologie* について語るべきではないかという疑問も起こってくる。だが、残念ながらこの言葉にも難点がある。この言葉は、単に「没規範的」、非価値的、記述的あるいは実験的、分析的に子供を取り扱おうとしており、周知の通りあまりよくない思い出をもつ特定の運動および歴史と結びついている。それゆえ、われわれはもっと普遍的な術語へと立ち帰らなければならない。そのさいわれわれは、「人間学」という言葉のもつ哲学的な伝統が、いかなる人間像も——したがってまたいかなる子供の本質規定も——ひとが好むか好まぬか、あるいは他のものに比べて選ぶか拒むかしているところの何ものかに、すなわち価値判断に方向づけられていないものはないという事実に注意してきたことを知っておくことが大切である。

　したがって、人間学という言葉は、特定の倫理と結びついた結論に直接導くものではないが、その本質上、人間が世界と関係するさいの一つの基本的事実である価値判断との関係を拒否するものではないのである。こうした価値判断は、子供の存在のなかに少なくとも二重の仕方で現われてくる。すなわち、子供自身がもつ価値判断として、また、子供の教育者が子供の行状や志操を規定しようとするときに用いる教育者の価値判断として現われる。

　児童学《ペドロギー》が価値判断という人間存在の基本的範疇をはじめから無視しようとする点で問題があり、また人間学《アントロポロギー》という言葉も使うまいとすれば、われわれは、価値に盲目でなく、しかも子供自身について何ものかを表現するような術語を選ばなければならない。そこで問題となってくるのは、ただ「教育学《ペダゴーギク》」*Pädagogik* という言葉だけであろう。だが、これでは、もっと広い立場から思考しなければならないという理由から、われわれが前には避けようとした表現を、もう一度選ぶことになる。われわれは、いまや方法論的には確かに教育学的なものを目指しているが、しかし、まずもっと大きな普遍的な範疇から子供の人間的な規定を作り出さなければならない。そのさい、このような人間の子供一般について語るということは、ただわれわれに依存しているもの、自ら学ぶもの、またいつもすでに何ほどかは教育されてしまっているものとしてのみ理解されるような存在について語るということだという点に、われわれの気づくことが大切である。子供をこのような存在として理解するということが、とりもなおさず、われわれが子供を学問的に研究してゆく正しい出発点にいることを意味している。また、この公理的な前提から、われわれは心理学や社会学や生物学から出て来るようななんらかの専門主義的な見方や、子供の教育にさいして何が「正しい」かあるいは「より正しい」かを言うために誤って引き出された専門主義的な要求を子供や教育者に押しつけようとする見方を拒否しなければならないことも明らかである。というのは、こうした専門主義的な見方によって、専門家たちは彼らの学問の枠をこえて専門科学の原理的、論理的な成立以前にある一つの全体的な状況のなかに性急に踏みこむことになるだけでなく、積極的にも消極的にもそれぞれの人間生活を具体的に規定している「価値判断」という基本的事実もまた見落としてしまうからである。われわれが人間学的な立場から、またそれと結びついた事実的研究の助けを借りて、教育学的思索を一貫して展開するとき、教育学的課題のもとに他の専門的方法を役立たせる可能性と、これらの専門的方法がそのものとして――たとえば心理学として、社会学として――用いられるように、現にある材料が使えるものかどうかを綿密に吟味する可能性が生まれてくる。そのとき、隣接する諸学問は相互に交通し、貢献しあうのである。しかし、われわれがある一つの「領域」として特徴をもっている見方から他の課題へ、その課題を自分の領域の未発達な「部分領域」であると考えることによって、学問的に性急な移行をするときは、元来いつも幾分かの無理が生ずるものであり、この無理は結局は他者を完全に変形させてしまうことになるのである。

たとえば、自然的人間学においては、しばしば人間の発達のただ肉体的生理的に規定された姿だけを描こうとし、これをもって人間の現実全体をあますところなく論じつくそうとする傾向があったように、社会学においても、しばしば人間の一面的な把握が行なわれた。そこでは、人間の社会的あるいは社会経済的な規定が支配的な役割を演じている。教育とは一定の社会的な「外被」の単なる伝達にすぎない。そして人間はこの社会の法則を身につけるために、高度に複雑な社会に対して従順で受動的に、ききわけよく無力に身を投げ出すのである。そのとき彼は「よく」教育されたのであり、よき市民であり、精神的に健全で「よく適応」しており、また「一般的」なのである。したがって、人間のなかに何か固有なもの、「人格的なもの」を目ざまし、これを教育的にも社会的にも支持しようとするような教育者や国民教育家は、容易に個人主義の嫌疑を受けることになる。あるいは、ただ他の人々を克服することのできない悲劇に陥れるもの、「意識的」、自己批判的となった人間と高度に錯綜した社会の間の救われぬ葛藤に引き込むものとして非難される。したがって、社会学主義的な見方のもとでは、われわれはよくいってもまったく思春期をもたず、従順で朗らかな児童期から、政治的な従順さ、おとなしい勤勉さ、およびそれに伴う幸福な状態へとまっすぐに生長するだけになろう。

もちろん、ひとはこれほど極端な形では問題を口にしない。しかしここでは、ある一つの方法論が引き起こす境界侵犯を示唆することが目的である。問題は、ある方法論が、こうした性急な一般化によって、由々しい人間的、教育的、政治的な結果をわれわれの上に引き起こすということであって、ただ書斎で頭の中だけの判断に終始してきた学者たちから口授されるような無害なものではないということである。

われわれは、こうした境界侵犯問題を他のところにも発見する。たとえば教育科学の世界では、国際的にかなり統一的な、熱心な期待が強く支配している。それは理論がよりよく基礎づけられ、あるいは行き過ぎのないようにするためには、まず「事実」がもってこられなければならないという考えである。すなわち、教育学を思弁的な哲学によって作りあげるという悪しき習慣を終焉させ、一つの実証的な理論、直接的な実践へと展開してゆくような事実の集成がなされなければならない。たとえば「格律」、「予言」、「詩文」、「説話」などは、それが生まれてくるもとの場所へ、その奥底にある子供の幻想の世界へ立ち帰らなければならないというのである。

確かに、哲学者ははじめからこうした実証的研究がいかに皮相であり、技術主義的に堕落し易いかということを知っている。また「事実主義者」――われわれはこの言葉によって経験主義的な教育学者、心理学者、社会学者およびこれに類する人々を総称する――も同様に、理論がいかに腐敗し、事態を歪めているかを知っている。おそらく両者ともその批判は正しいのである。しかしわれわれは、ウェーバーのような控え目な学者が、「抵抗力のない、ひとを疑わぬもの（子供）の私的な親密な領域への侵入」について語るとともに、「他人の人格に対する尊敬を欠き、他人が自分固有の人格的空間に対してもつ権利に不注意であることを暴露する」[1]心理学者の無分別を問題にしていることを忘れてはなるまい。ハンス・クンツは、心理学の内部にもその聴衆にも広がってしまっている無恥と学問的な責任感の欠如を述べるために、一冊の本全部をあてている。[2]ヴァンス・パッカードは、『かくれた説得者』のなかで、深層心理学者や社会心理学者に反対して「調査員や操作員はいかなる問題もおそれないし、彼らにとっては何ものも神聖でないようにみえる」と言い、また「すべてこれらの検査や処理は建設的で開明的な側面をもっている。しかし――このことに口をつぐんではならない――それらはまた真の人間の尊厳にふさわしくないような結末もはらんでいる」と主張している。そして彼は、心理学者がひとたびわれわれの傷つき易い場所を発見すると、すぐに「心理学的な釣針が作られ、餌がつけられて、不注意な将来の消費者のために市場の海へと沈められる」[3]ことを注意する。ホワイトは『組織の中の人間』[4]において、心理学者に対する否定的な判断を示しており、この本に人格テストにおける欺瞞の紹介をつけ加えている。

したがって私は、事実研究の問題には多くの緊張があるといってよいと思う。しかし、事実研究にはそれ以上のものが加わっている。そこには、しばしば理論的なるものに対する怨恨の跡が残っている。ひとがそのさい想起する理論的なものとは、多くの場合、実り少なきものであった。だからこそ、ひとは理論的なるものに対する幻滅を声明することができたのである。だが、じつは理論家をなんら非難する権利のないような考え方も存在している。これはおよそ理論的なるものにはじめから無関心であるか、またはある特定の信念の後裔——つまり自然科学のなかでなら豊かに矛盾なく確証されるが、教育科学においては、生理学主義的、非人間的な学問観の一般化と見なされるような、事実至上的な信念から出たものである。

われわれは、ある学問がその境界をふみ越えるとき、それに伴ってこの知識領域の対象やその価値規定の性質が変質してくることをみてきたわけであるが、われわれはまた、ある学問的用語の意味の発達のなかにも、同じことをみるのである。その例として、ここに多くの学問にとって等しく重要である一つの概念、すなわち「発達」をとりあげてみよう。

これにあたる言葉として、ドイツ人は *Entwicklung* を、オランダ人は *ontwikkeling* を、イギリス人および英語を用いている国民は *development* を、またフランス人は *développement* を用いている。いま「発達」に相当するさまざまな言葉の意味の歴史がどんなものであれ、それぞれの言語領域においてこの言葉が日常的なやりとりにどう用いられているかが問題である。

われわれはそこで、心理学は発達の思想を生物学から取り入れたとか、ダーウィンが発達の思想を初めて心理学に適用したとかいった言い方に注意しなければならない。われわれはいかにリッケルトがこの発達という術語と格闘したか、いかにトレルチやシェーラーがこの概念をめぐって論じ合ったか、またリッケルトがすでに「発達」に終止符を打った地点で再びブランデンブルクがいかに倦むところを知らなかったかを思い出す。(5) これはただドイツ語圏内だけの例である。この他のところでさらに何が起こったか、いったい誰が全部知ることができよう。現代の英語圏から、ただ一例だけあげてみよう。アメリカ的イギリス的用語法では、ひとはしばしば「発達」のよりよい翻訳として「学習」*learning*が用いられていることを発見する。というのは、およそ精神的発達の意味が、多くの場合、知能の発達あるいは、それに類するテストによって「測定可能な」現象の発達以外の何ものでもないと考えられているからである。「発達」と「成長」*growth*の区別も、たいていの場合行なわれていない。その結果「精神的成長」*mental growth*は、「知能検査」*mental test*によって把握されるものと同じ意味になる。われわれには、カーマイケル(6)の『児童心理学便覧』がこうした考え方の証拠として役立つかもしれない。その第十三章は、表題のなかで、「精神発達」mental developmentについて次のように述べている——「この章のなかで意図されている研究は、標準知能検査を適用した結果に主として基づくものである」。この本の索引は、「精神発達」の参照としてこの章を指定しており、さらにいま一つの章を「同じく成長・精神的をみよ」と指示している。そして第八章のなかでは、われわれは実際に「精神的成長」が「児童期における精神的成長の測定」という表題で紹介されているのを発見する。しかも、著者のグッドイナフは、何がいま本当に測られているのか（p. 487）という問いについての見解がまったくまちまちであるにもかかわらず、「知能測定」を唯一の探究方法と考えていることは疑いなく明らかである。

第七章では、著者は次のように説明する――「行動が活動の結果、特別の訓練の結果、あるいは観察の結果として、多かれ少なかれ恒常的な性質をもった増加する変容を行なうときには、いつでも学習が起こっているといってよい」。ここで「増加する」という形容詞が、同じく活動に基づいてはいるけれども能率の低下を来たすような疲労との区別をつくっている。また、この変化は「恒常的」でなければならない。なぜなら、感覚的な適合は、刺激が遠ざかればたちまち消えるからである。最後に「活動、特別な訓練、観察」という符牒が、発達と成熟の区別をつけるためにあげられている。

だが、ごく限られた意味での成熟を除けば、こうしたすべての活動がなくとも発達が可能であるなどとは誰も主張しないであろう。ここで引用した第七章の著者ノーマン・マンは、じつに多くのものが「特別の訓練」なしで「学習」される（p. 386）という事実をよく意識しており、同時に「(特別の訓練) あるいは模倣の機会」をつけ加えている。こうして、練習によって特別に教えられたものはますます影が薄くなり、「学習」が「発達」という言葉のほぼ最良の翻訳として残ることになるのである。(7)

日常的な用語法の枠内で、なんら特別の誤解を生ずることもなく、またかかる言葉が担っている歴史的な負債なしに、一つの学問が他の学問から術語や概念を取り入れるという企てのいかに危険であるかを示すためには、たぶん特別に一つの専門的な論文を書くことが必要であろう。[8] 困ったことに、「発達」もまた錯綜した歴史をもっている。われわれはここでその歴史をたどることはできないが、これについては少しだけ触れておかなければならない。というのは、精神科学と言語とは相互に密接な関連をもつからであり、しかもこれがしばしば見落とされ、ある特定の国語における一つの語の意味の歴史が、あたかも物事についてのより広範な思考を十分基礎づけるかのように素朴に使われているからである。

われわれは、子供の人間学についてなんらかの正しい理解をもたないかぎり、まだ心理学における「発達」が何を意味したらよいのかを確定することはできない。なぜなら学問の世界では、用語の意味内容の決定と定義が大切だからである。しかるに、われわれはこの言葉が特定の哲学者、生理学者、歴史学者、心理学者、教育学者によって、特定の形で用いられているということを初めから無視している。さもなければ、たいていこの言葉をまったく素朴に、空想的に――「私の意味しているところのものは誰にもわかる」ものとして――使っている。われわれはまた、人間がA、B、Cといったいろいろな「層」から構成されており、しかもこの層は互いに「癒合」しているということをそれほど精確に認識していない。さらにわれわれは、「発達」という言葉を心理学の領域で一つの意味において用いるべきか、もっと多数の意味において用いるべきかということもまだ知っていない。われわれは、第一、ともに生物学的な意味をもつ概念である系統発生的なものと個体発生的なものについても、正しく語っていない。このように、われわれが前もって明らかにしておかねばならぬのに忘れていることがたくさんあるのである。

周知の「身体《ライプ》 *Leib*・心《ゼーレ》 *Seele*・精神《ガイスト》 *Geist*」という三つの区分の図式はまことに便利なものであるが、その区別を固定して、そこから身体的、心理的、精神的に発達を記述するのは誤りのもとであろう。なぜなら、われわれは身体が「有機体」あるいは「自然」を意味し、心は「少しばかり自然の少ないもの」「有機体のなかで」はたらいている「生命の形相原理」を意味することを知っている。そしてこの心の発達は、われわれがよく知っているように、身体的なるものと一体となって生起するのであり、それぞれの「発達段階」に発達の様相が現われ、そのとき素質と能力が伸展するのである。身体と心の上には精神が座して統御している。精神はまったくはじめからいつも現にそこにあったのであるが、ひとが精神を最初の予兆のなかに再認できるためには、すでにそれを完全な形において認知していなければならない。この意味で、精神もまた発達するようにみえるのである。

私はさきに、われわれの「発達」の概念が子供との関係においてまだ解明を必要とするものであり、しかもそれがここでは不可能であると言った。そこで、われわれが一人の具体的な「自己」発達してゆく子供に注目する場合、われわれは暫定的な発達の定義を用いてことを進めなければならず、また、学問のみならず術語も、非教育学的あるいは反教育学的な内容を「もたされる」ような専門主義的な仕方に煩わされているという、われわれの見方を説明しなければならない。

いったい何をもってわれわれは子供が「発達する」というのだろうか。このことによってひとは何を意味しているのか。子供は変化することによって、しかも成人に向かってより多く変化することによって「発達する」のである。子供が発達しない、少なくも多く発達しないという場合、われわれはこれと同じことを考えている。子供が具合悪く発達しているという場合、われわれは子供が誤った規範へ向かって、すなわち誤った成人の状態に向かって変わっているということを意味している。

この意味において、「発達」という言葉は成長と成熟とを包括している。すべての成長が成熟となるわけではない。成長は――第一に――何かを成熟させるかわりに、まさに退化させるように成長させることができる。成熟は、その結果として、有機体あるいは全身体を完全に機能させるような方向に向かっている生長の過程である。

「発達」は、それゆえ、大人らしさを目指す変化である。大人らしさは、しかし、単に肉体的成長だけの事柄ではない。それは徐々に道徳的に成年となってゆくことでもある。道徳的な成年度は絶えず実践的に試験され、それとともに達した水準が経験される。このように自分の現在の自立の水準が試験され経験されることによって、個人はその経験に対して態度を決定する。

すなわち彼は自分を真に自立する力のあるもの、あるいはないものとして自己経験するのである。だから、「発達」はただ単に外部から観察できる過程であるばかりではない。それはまた、内的な経験でもある。発達は、前進や挫折として、可能や不可能として経験される。したがって、さまざまな国語において、「発達する」*sich entwickeln* ということが自動と他動の中間形で表わされているのは意味深いことである。惜しいことに、「発達」という名詞はこのような内的な構造を表現していない。「変化する」*sich ändern* とは、事実的には、「自分を－変える」ことなのである。

いったい肉体の生長現象は、自己という肉体に宿るものがそこにないかのように、単純に起こるものだろうか。じつは、肉体の生長現象と、肉体に宿るものとは、本質的に連関しているのである。身体は幾何学的な物体のごときものではない。なんの影響も生み出さぬような身体的出来事は存在しない。肉体的現象はいつも肉体の所有者に対して何かを意味している。すなわち私はいまこのように長い脚をもち、私はいまこうしたおかしな声をもっている等、それは常に「私にとって」意味をもっているのである。

「発達」は、それゆえ、外から見ている者、人生を見渡し全知者のごとくその眼差しを子供に向ける者、自分があらかじめ知っているものがいつ現われてくるかを見ようと待ち構えている者にとって意味があるだけではない。それは、それ以上に当人にとって本質的に内的な意味をもっている。発達するとは子供にとっては前よりも大きくなることであり、したがって未来的なもの、「より偉大な存在」に対する関係を意味しているのである。

われわれは、分裂病患者や強迫症患者から、彼らがあたかも自分のなかに自分に向かって執拗に語りかけてくる誰かがいるような声をきいているということを知っているが、その場合でも、本質的なことはそう理解しがたいことはない。[9] 彼らは言う——「私のなかには新しい存在が住んでおり、私の第二の部分、すなわち私の以前の部分は、この新しい部分になにも関わりがない」[10]。しかし、人間だけが自分自身に対して驚いたり、怒ったり、何かを企てたり——身体のおかげで——それを実行したり、中断したり、また中断したことをあとから取り返そうとしたりすることができるのである。その意味では、こうした分裂病者といえども、なお病める人間なのである。

小さな子供がまったく「大きな」素振りをする場合、彼の挙動のなかには大きな子供の面影が見えてくる。彼はそのとき、実際にはまだ大きくないのに、自分では大きな子供のイメージをもっているのである。

この自己‐発達しつつある人間は、もっといろいろな仕方で発達に関与している。たとえばある一つの経験が反復する場合、その事実に対する彼の評価はまったく多様でありうる。それは彼が前進することを望んでいないということでもあれば、彼が反復を喜んでいることでもありうる。しかしまた、それは既知のことが生活を軽減してくれるからであり、あるいは彼がそれを楽しんでいるからであり、あるいはそれが彼に練習の場を与えるからでもありうるのである。

また、反復と関連して、人間の発達に対する関与の仕方を「より偉大な存在」に対する内的な指向、および社会的（あるいは他者の）結果に対する内的な指向という点からみるとき、たとえば「私はうまくいっている」とは要するに「私は前進している、能率がよい」ということを意味することができるし、「私はうまく危機のなかを泳いでいる」ということも意味しうる。また、「私は練習している」、「私は反復から、あるいは反復のなかで学習している」ということも意味することができる。「うまくいっていない」という場合、それは事実、危機のなかでさ迷っているということを意味すると同様に、主体が未来との関係を失ってしまったことをも意味することができるのである。

それゆえ、「発達」のような一見きわめて「価値中立的-記述的」な言葉も、教育学的な領域の上に――いったい教育のないところで子供は発達するだろうか――、たとえば「もっと偉大になる」といったこの領域の公理的な基底となっている諸関係を通して、その特定の内容を示すのである。

したがって、教育もまた、子供のことを取り扱っている一連の諸科学一般と同様、さまざまな観察の可能性にその場所を規定してやるために、明白な、人間学的な、前専門主義的な定位を必要とするのである。

（1）L. Weber, *Was der Erzieher von der Psychologie erwartet* —Psychologica - Jahrbuch 1955, S. 132 以下を参照。

（2）H. Kunz, *Über den Sinn und die Grenzen des psychologischen Erkennens,* Stuttgart 1957.

（3）Vance Packard, *The Hidden Persuaders,* New York 1957.

（4）William H. Whyte Jr., *The Organization Man,* New York 1956.

（5）H. Rickert, *Die Grenzen der naturwissenschaftlichen Begriffsbildung,* 5. Aufl., Tübingen 1929, S. 408. -M. Scheler, *Der Formalismus in der Ethik,* 3. Aufl., Halle 1927, S. 211. E. Brandenburg, *Der Begriff der Entwicklung und seine Anwendung auf die Geschichte,* Leipzig 1941.

（6）*Manual of child psychology,* edited by Leonard Carmichael. 2nd. ed. New York, London 1954.

（7）フランス語の用語法については René Hubert, *La croissance mentale. Étude de psychogénétique,* T. I., L'Enfance, Paris 1949. 参照。

（8）私はこの問題を私のオランダ語の著書 *Verkenning en Verdieping,* Purmerend 1950. S. 259-300 のなかでふれておいた。

（9）同じく *Rencontre, Encounter, Begegnung. Contributions à une psychologie humaine dédiées au prof. F. J. J. Buytendijk,* Utrecht 1957 のなかの Rudolf Bilz: *Das Maßnehmen am Gegen-Subjekt und das Sich-Messen des Subjekts in der Begegnung. Eine Betrachtung über die Spiele mit Doppelgängern* 参照。

（10）Paul Schilder, *Selbstbewußtsein und Persönlichkeitsbewußtsein,* Berlin 1914. S. 91 参照。

第3章　人間学的にみた児童期と少年期

われわれはこれからごく簡単に、人間学的にみた児童期と少年期の輪郭を描いてみたいと思う。そのさいわれわれは、このような研究にも前史があるということをよく知っている。ドイツでは、ただ二、三の名をあげるだけでも、シュプランガー、ブーゼマン、ポルトマン、ペーツェルトが思い出されなければならないし、オランダではすでに一九二七年にこのような方向をはっきりと意識的にとっていたコーンスタムが想起されなければならない。また、バイテンダイクも何年も前からこの途で研究を行ない、多数の著作をものしている。

ところでわれわれは教育科学のなかでいつも児童と少年の存在の様態をいっしょに、短く完結に把えた簡明で「速記的」な概観を使用する。われわれはそのような概要の提示をプログラムとして、まして論争用のプログラムとして使うのではなく、仕事をするための土台、理解するための土台、討議するための土台として使うのである。以下に述べることはただこの視点からのみ確証され理解されなければならない。

すでに私が他のところで述べてきた通り[1]、哲学的な人間学においては、人間的な生の発達学的な構造についての顧慮がほとんど完全に欠けていた。すなわち、人間がまず最初は子供であるということと、人間がどのように子供であるかということが、人間学のなかではほとんど注意されなかった。人間について語るとき、ひとはいつも人間「一般」について語るようにみえたし、この「一般」のなかに子供は消滅してしまうようにみえた。あるいは「児童」と「少年」は一つの固有のテーマとなることができなかったのである。

他方、自然的人間学においては、教育によって、また子供自身によって、発達や存在の様態が限定され、変わってくるということが顧慮されていなかった。いまでもなお、たいていの発達心理学においては、「自然な」発達についてのじつに多様で素朴な仮定が広く行なわれている。おそらく最も著名なのはゲゼルであるが、彼は子供の発達のあらゆる局面を例外なく純粋に発生学的な観察の仕方[2]に還元している。このような見方のもとでは「環境」はほとんど働く余地がないし、教育についてはまったく沈黙するほかない。人間を「純粋に自然的な産物」として理解するこうした研究にあっては、じつはその暗黙の大前提が問題であるということを、最近ではヘーベルリーンが『生と生の形式』のなかで示している[3]。われわれは、こうした自然発生学的な事実から、「それゆえに」正しい人間学は人間を肉体的存在として知る以外になにひとつ知ることができないのだというような、はやまった結論に陥ることがあってはならない。人間学を哲学的人間学と自然的人間学にはっきり区別するということは、最近五十年間におけるデカルト主義的二元論の克服以来疑わしいものになっている。人間学は人間を問題にするものであって、人間の肉体が問題ではない。心理学でもまた、いまだに多くのところで物理主義的な還元が大きな役割を演じているにせよ、デカルト的二元論の克服が起こった。心理学的に事実として存在しているものは、肉体的なものからは確定することができない。ゲゼルが、子供は生後二カ月半で目を動かす十二のきわめて小さな筋肉を支配することができるようになると知らせても、(4)われわれは心理学的にはなにも知ったことにならないし、このような筋肉では特殊に人間的なものをなにひとつとして確定することができないことは想像にかたくないであろう。

教育においては、ひとは初めから強く一個の統一ある全体としての人間に関わってきたため、一面的あるいは過度の単純化による人間に対する非人間的な態度が広汎に普及することはできなかった。さらに教育的課題は、研究者に目的を——したがってまた——価値に対する関係をしっかり見つめさせることができた。だから、このような教育学と、心理療法や政治理論が出会う場である規範的実践的人間学においては、人間および人間の発達の具体的な理解は、ただ単に記述的にとらえられるような事実の規定だけでは不可能であるという洞察が完全に見失われてしまうことはまずないのである。人間学という言葉は、今日ではもはや自然的人間学と哲学的人間学の単なる寄せ集めを意味するのではなく、発達や教育や自己形成にさいして——そこではこれらの過程が価値の問題と関連していることが自明に前提されている——元来人間が創造的な存在であるという根本的な性格をはっきりと考慮に入れて、統一体としての全体的な人間を問題にしているのである。

そこで、「児童期」においてこの全体としての人間の一時期が、すなわち世界に対する実際的関係のなかで自己自身を解釈する存在、環境の枠組みの中にありながらもなお自分で自分を規定してゆく存在としての人間の一時期が理解されなければならない。そのさい、人格と世界と世界像とは切り離すことのできない一つの「三位一体」的な全体であって、われわれはこの全体がいつも一人の人間のなかに、したがってまた児童のなかにも、実現しているのを見出すのである。

身体的な存在は、児童にとっては、単に一つの「肉体」の「所有」や自然に完成してゆく肉体的器官や均斉の変化といったもの以上の何ものかを意味している。自分の身体の生長は、児童には——自分にも他人にも経験できるような仕方で——自分がまえよりも大きな存在になるということを意味している。自分の身体で、飢えや痛みや疲れを感じ、自分が不十分であることや、美しく見られていることに気づくといった意味において、児童には早くから自己感情が実証されている。人間が身体を介して現に世界をもつと同時に身体を通して隣人に現前しているということは、大人と同様、子供にもあてはまるのである[5]。

しかし子供がまだ幼いうちは、身体は未だにそれが体験した過去と一致しておらず、まったく初歩的にその表現と合致するだけである。身体はその表現機能が稚いうちは体験をあきらかにするよりはかくすようにみえる。これは大人に対して児童が素直であることと、児童が大人の児童「理解」をすぐに自分自身の基準にするために、児童をもっとよく知っていると思っている人にも何か隠しているようにみえるのである。確かに児童がわかりにくいという大人の言い分は一部では正しいが、具体的には十分でないにしても、一般的には十分に理解することができるのである。すなわちここでは、本質的に反省以前の「気分づけられた存在」が問題であって、心理学化した理解が問題ではないということをわれわれが知りさえすれば、子供は十分理解できるのである。心理学的解釈は、いかなるときも、それが教育学的に価値のあるものであろうとすれば、このような――「直覚的な」――気分づけられた在り方に立ち入るか、触れるかすることができなければならない。「教育」心理学の名のもとに提供されているものの多くは、このためまったくその名に値しないものである。なぜなら、それはこうした要請に答えていないからである。

肉体の発達は、全体のなかの一つの規定要素にすぎない。身体は発達の歴史のたった一部を記録するだけであり、この発達の歴史の全体が「人格」である。このような人格は――教育がよい場合には――建設的な意味で未来へと方向づけられた一つの出来事である。人格は自己自身を一個の決断する存在として、またいつも自己決定する存在として把握する。したがって、存在すると同時に未だ存在しない、すなわち未だでき上がっていない誰かとして、自己自身を把握する。[6] ここから、児童とは自分にとってまだすべてが可能性としてしか妥当しないような人間のことであり、それゆえにまた、自分に対してはっきりと安全が保障されているという条件のもとでのみ生存することができるような人間なのである。[7] 児童はこうした安全保障のもとではじめて一見自明な、夢想的な大人からよく「天才」の創造性と混同されるような創造力をあらわすのである。

ポルトマンは――生物学から出発して――それぞれの人間の世代は、「人間の遺伝的な変化によって影響されたり、それに似た遺伝的な変化を結果することのない、まったく新しいもの[8]」である一つの歴史的文化的な基本的な姿勢をもっていることを指摘している。最初からこのような歴史性のなかにある児童は、あるまえもって与えられた計画をただ反復し、実現してゆくだけではなく、これまで存在していなかったものをそこに発見し、考案し、創造する。[9] 児童は事物の世界において創造的である。しかしまた、人格的な世界において、なかんずく自分の自我についても創造的である。なぜなら、そこで児童は自己－創造しているからであり、たとえ見知らぬ掟に従うときでも、新たなもの――すなわち「自己自身」――を成就するからである。ラモン・ポラーンはこの事実を「それぞれのひとの人格はその人自身の代表作である[10]」といい、ギュースドルフは「自我は人間に単純に与えられていない。自我は一つの可能な所業として、獲得さるべき領域として、彼の生涯の傑作として人間に提供されている」と述べている。[11]

創造的なるもの、あるいは創造するものという範疇は、一つの人間学的な基本的範疇である。

それは神の創造のような無からの自由な創造ではない。また特別な才能を予想するものでもなければ、異常な環境を前提するものでもない。それは人間であるかぎり誰にでも属している。このため人間は、その形成が多様である点で、たとえあとからなら理解できても予言はできないものであり、したがって、心理学的にはただ不完全にしか説明できないものである。正確に予言し量的に確定することのできるものだけを捉えようとする心理学は、このような人間の子供に対しては、ただ拒絶することしかできない。しかし心理学がもし児童の日常的な創造力を承認するならば、そのとき心理学は、この承認によって、心理学的にこれ以上換算できない人間学的な範疇によりかかっているのである。

児童の「成長」の基底には自然的な生長がある。しかし新しきものの創造は本質的に自然的生長以上のものである。創造は無邪気さを前提とする。世界のなかに進み入り、自分を賭け、世界と出会い、他者のなかに自己を置き、自己のなかに他者を受け容れるためには勇気が必要であるが、こうした自明な勇気は教育によって子供のなかに喚起され、保持されなければならないものである。児童がこのように無邪気に世界の-もとに-あるということは、すでに幼児が「自ら」外を見始めたときの眼差しのなかに、また把握や歩行等の外に向かう行為のなかに現われている。児童は内面性をもつことによって、またこの内面性が呼びかけられ保護されるかぎりにおいて、つまり、われわれがこの安全を必要とする存在をわれわれの-ための-児童として受容し、彼の無力さを助け、彼の弱さをかばい、彼の開かれた世界をあらかじめ限定してやるときにのみ、世界の意味づけに向かうことができる。そのときはじめて、単なる生物であったものは、教育さるべき存在として人間の子供になるのであり、その生活史は意味賦与の歴史として始まるのである。こうした人間の生活史は、はじめから単なる自然的な発達以上のものであり[12]、あらかじめ与えられているさまざまな制約、すなわちありのままの身体、生活経験、人間、事物のなかで自らを画定してゆく。児童がこの過程で世界に与える意味は四通りある。それは互いの表現にさいして共通の形式を求める点で社会的な意味づけであり、人格として自己実現してゆく点では個人的な意味づけであり、新しきもの、これまで意味を与えられていなかったものを把握する点では創造的な意味づけであり、自分の独自な体験に対してのみ妥当するものである点では拘束力のない意味づけである[13]。

　発達とは人間的な存在可能性の実現である。したがって発達は、いつも教育を基礎として、少なくとも人間らしくするはたらきを基礎として[14]、すなわち、人と人とがともに生きていくためにいちいち反省されることなく提供されてきた機会を土台として、その上に完成されるものである。人間が長い少年期をもち、個体発生史的に変化する可能性があり、創造的に世界や自己を形成してゆくことができるということは、人間にとって教育というものを必然的なものにする。児童——児童としての人間——は、ただ形成でき、教育できるだけでなく、教育に依存している。それは教育されうる動物 *animal educabile* であるばかりでなく、教育されねばならぬ動物 *animal educandum* である[15]。教育のなかで、児童には単に「成長」するための機会が与えられるだけではない。人間的に生きるという責任に生産的に参加してゆくような人間となる機会もまた与えられるのである。教育のなかで、責任ある生活の具体的な模範が提供されるのである。

児童がこうした模範像を与えられなかった場合、また限界も基準もなく、すべてが相対化し、あるいは形態を失っているようなところにいる場合には、児童にはとどまるところのないわがままが生まれる。逆に、逃れようのないほど決定的な形で模範像が与えられている場合には、人間的なものが児童の発達から消えてしまう。すなわち、児童は単に一匹の獣、種族の見本、非人間的な存在にと形成されるであろう。したがって拘束と自由、安全と探険の余地は、児童が人間であるということ、および人間になるということを可能にする二つの等価な構成要素である。また、児童は基礎的な安全保障の上にはじめて探求的な新しい建設を進めることができるのであるが、この基礎的な安全保障はなによりもまず保育、養護、防衛、愛情といった衝動的感情的なものである。しかも、この感情的な基礎をもった他者規定および自己規定の最初の段階において、早くもその後の発達の形が作られるのである。

児童は、自分の感情に適合した理解可能な意味を開示している世界のなかに生きているのであって、彼の本能に対応して固定しているような環境のなかに生きているのではない。児童はまた、われわれがすでに注意したように、純粋になんの制限もないところではいかなる世界も構築することができない。同じく先にふれた基礎的な安全保障には、人間の不自由性が——すなわち人間の身体性、児童の無力性、人間や事物の実際的な様相、独自な生活史といった自由を制限している（決定しているのではない）基本的な諸事実がつけ加わっている。すべてのこうした基本的な所与は、児童の教育と自己規定にとって二重の意味をもっている。身体は他の場所にいる可能性——おそらくは精神がすでに先行しているような場所にいる可能性——をわれわれから奪う。身体は此処におり彼処に行く可能性をわれわれに与える。私の両親はかくあるのであって他のごとくあるのではない。ひとは丸い球の上に立つことはできない。われわれはあたかも今日がなかったかのごとく明日行なうことはできない、等々。さらにこの人間の不自由性は、このように世界の－なかに－あるということを解釈しながら規定してゆくということがなければ、世界をもつことも、自分が何者かであることも児童にとって不可能であるということを意味している。これ以外の道は、眠りや無気力や愚昧へと意識を喪失するだけである。こうして児童は、自分の身体に対して、隣人に対して、対象的世界に対して、自己自身に対して、彼が出会う文化の意味と形態に対して態度を決めるのであり、最後は自己自身の解釈に対しても態度を決めるのである(16)。

人間を規定している基礎的な有限性の事実は、さらにはっきりと児童の生物学的な援助の必要や睡眠の要求、飢えや疲れのなかに現われている。そしてこのような基本的な規定のなかから、日々の秩序や生存上必要な一連の重大な状況が生まれてくる。他方、ここから本当に深刻な状況からは区別され、心配から解放されている状態、遊戯が発生する。遊戯と労働の対立は、本質的には大人の生活にみられるものである。しかし、しばしばこの対立が無考えに子供の生活にあてはめられて考えられている。しかも、そのさい労働は真面目さと、遊戯は不真面目さと等しい意味にとられているのである。しかし、われわれの文化圏や、わけても学校において、児童が社会的に機能している時間の制約や自分の課題を知るようになるとき、労働のもつ真剣な状況はすでに児童の生活のなかにはっきりと現われているのである。もっとも児童は、次々と現われてくる自分の有限性を組織的に除去するという意味においては、まだ労働していない。この意味で児童の遊戯はまだ生活の深刻さに対面していない。純粋な機能を楽しむ遊び（ビューラー）あるいは感覚器官を通じて事物と対話する遊び（フェルメール）という点からみたとき、児童の遊戯の本質は、社会的な意味づけのなかで通用している事物や行為の一義的解釈に対して、彼らがこれらの事物と多義的な関係を結んでいることにある。一枚の板は遊びにさいしてたちどころにその意味を一つの街道から生垣へ、橋へ、荷車へと変えてゆく。労働と対立するものは、ただ遊戯のある局面だけである。遊戯と本質的に対立するものは、児童の世界では労働ではなく、ちょうどわれわれが科学において対象を認識する場合のように対象や行為の解釈を一義的に確定してしまうことなのである。児童が彼の存在を規定しているさまざまな自由の条件、その課題、隣人との交渉における社会的な意味づけを受け容れることによって自己と世界を獲得するところでは、児童の世界は現実的な意味においてもまた拡大してゆく。これは、児童自身の精神的な能力とさまざまな形の授業によって可能になるだけでなく、精神に消化さるべくあらかじめ秩序づけられている文化的媒介物があるということ、すなわち習慣とか言語とか世界像とか、知識の多様な領域がこれを助けているのである。それゆえ、いわゆる児童から少年へと「発達」することは、これらの媒介物がどのような構造をもつか、またいかなる仕方で児童にもたらされるか、そしてそれがどのような形で世界の精神的物質的な支配を可能にするかによって大幅に規定される。その結果、異なった社会集団や文化のもとでは、児童の発達の間にきわめて重要な違いが生まれるのである(17)。

成長しつつある児童と生活をともにしたことのあるひとは、児童が絶えず独立しようとする過程にあることを知っている。この独立は、それが達成されたときでも、技術的道徳的に完全な能力をもつこととは、ただ第二次的な意味でしか関係がない。このような独立は、そのときどきの年齢においてそれが正当と認められている以上に、はるかに高い度合いで要求されるのである。こうした先走った要求は、無邪気さの代りに、あるいはそれとともに、他の衝動的要求が働いているとしても、さきに述べた無邪気さがまだそこにあることを示す一つの徴しである。このような先走った要求は、せいぜい好意的保護的な環境のなかにしか場所を見出すことができないということは明らかである。しかし児童は、自己解放にさいしてなおそれ以上に、こうした保護も脱ぎすてて、完全に「一人前」であろうとする要求をはっきりと示すのである。彼は直接的な結合から決定的に離脱することはできない。しかし彼は多くの理由から容易にかつしばしば——教育学的にみて——決定的に誤った方向に導かれる。このように逸脱ができるためには、他方で服従し結合を経験することができるという可能性がなければならない。同様に、そこにはより広い世界のなかでの自己‐反省と、実際的な方向づけと安全の保証があるという可能性が含まれている。(18)

確かにこの年齢にあっては、われわれは思春期の心理学が描く像（両親からの離脱、独自の集団の形成、身体的ナルチシズム等）に合致するようなものに数多く出会うのであり、また本来の思春期を構成する深層の次元も現われないわけではない。しかし、もっと昔には一般に、また現代でも多くのところで、子供はこの前思春期に大人の社会生活に加入しているということをわれわれは思い起こさなければならない。人間のその後の人格構造は、多くはこのような基礎の上に生まれたのである。この成長の型は、はじめは特に風俗学や文化人類学の注目をあびてきたのであった。さらに社会学や精神病理学や、またリントン、クラクホーン、カーディナーのようなアメリカの研究者が「人格形成」(19)として論じているものにおいても、その関心はこのことに向けられてきた。しかし私のみるところではこうした成長の型の多様性は十分に解明されていないし、この問題の最終的ではないにせよ徹底した叙述はまだ現われていない。われわれはこの事実をはっきり確かめることが必要である。なぜなら、児童の人間学をもっと明確に決定するには、「人間の」ではなく、成長した人間、大人であるということのいっそう明確な現象学と形態学を前提するからである。(20)これが欠けているいま、われわれはひとまず次のように言うことができよう——成長した者、すなわち大人の特徴は、好むと好まざるとにかかわらず、またたとえその責任を全うすることができるにせよできないにせよ、人間生活の責任を負わされているということにある、と。こうした人間生活の責任とは、たとえば自分自身の生計に対する、自分と関係のある人や共同の生活に対する、また人間に精神的な発展を可能にする生活の諸条件を整備することに対する責任のことである。大人となった人間は、たとえ自分でまったく人間らしく生きることを断念したような場合でも、なおその責任を引き受けなければならない。彼が責任を他のものといっしょにしか負うことができないなら、またわずかしかできないことの弁解にいつもくりかえして最善最高のものとの出会いを引合いに出しているかぎり、彼は決して本当に自分で責任を担うことはできない。それにもかかわらず、彼には総括的な責任を引き受ける義務があるのであり、彼は能力の最善をつくしてそれに備え、またこの責任を最もよく果たせるような立場をとらなければならない。共同社会は彼からこの課題を免除しない。なぜなら、そのような義務を免除すれば、共同社会それ自体が崩壊してしまうからである。共同社会は段階と質的な差異をよく心得ており、人間の尊厳を完全に保全するために、どこで人間が疲労し、病み、貧困となり、無援となるに違いないかを見とおして、ひとびとに助言を与える施設や、支援し啓蒙する場所を設けている。しかしこのような制度は、本来これを使って利益を得ようとするもののために作られているのではなく、実際に苦しんでいるもの、助けを求めているもののために作られているのである。人間の真の成長、大人らしさを作りあげているのは、弱き無力な隣人のために進んで配慮することなのである。

したがって、われわれは、児童が大人の課題を――おそらくはあまりにも早く――選んだか、あるいは――おそらくはあまりにも遅く――それを強制されるかすることによって、大人の課題が児童の完全な責任になってくるところで児童期を終了するであろう。[21] しかしわれわれは、こうした責任の最初の自発的な受容をもって思春期 *Pubertät* の始まりとすることはできない。なぜなら、すでに先に述べたように、全き無邪気さのなかで早くも児童は「独立」を求めているからである。ただ大人である場合、われわれはたとえわれわれにできないものでもなお行なわねばならないが、児童期や少年期にあっては、われわれはそれを行なうこともできる。つまりここでは、本来の責任担当者がまだ背後に控えているのである。

では、われわれは思春期の開始をどのように理解すべきであろうか。たいていの場合、思春期の心理学はこの時期の開始を少年自身の体験によって――すなわち人生がもはや自明なものではなくなり、しばしば不快な重荷となり、よそよそしい感じをもって圧迫してくるといった体験によって決めている。これと並んで、二十世紀の二〇年代以降周知のこととなった女子の初潮の早期化や、これに類する事柄についての人間学的な資料、およびそれと関係のあるまえよりも長くなった思春期と遅くなった大人の仲間入りについての人間学的な資料が現われているが、この二つの内容的な連関はかくされたままである。右に述べたような、これまで信頼されていた児童期の諸関係が、少年にとって意味を喪失するのはいったい何によるのであろうか。

この意味喪失は、じつは人生が新しく意味づけられるということに基づくものである。ただこの新しい人生の意味づけは、なお本質的に身体的な空間のなかで体験されるところの「大きくなる」ということに伴って起こるものである。前思春期における急速な成長の結果、少年たちはもはや自分を単純に家族の一部であるような児童として理解することができない。急速に他人のエロス的な意味と、他人に対する少年自身のエロス的な意味を可能にし、あるいは実現するようないっそう広範な発達の現象が現われてくるが、こうした発達は、少年のある種のナルチシズムを通してうかがうことができる。心理学の専門書は、一方では「補足の要求」（ビューラー）について語り、他方では「過度の自我感情」（モーンドゥス）や「自分こそ最初であるという高揚された根源性の感情」（ドベス）を強調している。こうした特徴づけは、単に少年の落着きのなさや感情の動乱等といったものだけを注目しているものよりは、はるかに深い層にかかわっている。少年期の特徴として価値の認識や把握が特別に注目されているという点では、アメリカの学者たちも、シュプランガーやシュテルンと同じ見解をもっているかのように思われるが、しかし彼らはただ適応、社会化、習慣化についてしか語っていない[22]。だがシュプランガーやその他の著者たちは、本質的に理想主義的来歴の顕著な哲学的人間学の一章を念頭に置いているのであって、彼らは少年の発達のなかに客観的精神の秩序が突出してくるのをみようとしているのである。ちょうどかつてペータースとベルンフェルトが試みたように、単なる心理学的な議論によってはひとはこのような把え方に対して正しく近づくこともできなければ、それに打ち勝つこともできない。なぜなら、ここではただ単に少年期のプシケーが問題となっているのではないからである。もはや児童ではあろうとしない少年たちと共同体の社会的精神的な諸事実との対決と協調は、同時に歴史的世界における彼らの立場の全背景と一つに結びついている。したがってその結果は、異なった場所においては異なった形で見ることができるのである。思春期の体験が危機として、また危機的な発達段階として起こらずにすみうるということは、確証された事実（シュレマル、ミード、ランゲフェルト等）である。

児童と対比された少年の像は、少年の自己体験における変化および世界に対する彼の関わり方における変化によって、また年上の世代に対する新しい関わり方を通じて特徴づけられる。すでに少し大きくなった児童は、大人やより年上の児童によって、より大きな責任をとることができるよう呼びかけられている。彼は多かれ少なかれ大人の生活関係（性・労働・政治・教会）のなかに引き入れられている。ここで行なわれる発達の進みは、さらに精神的、歴史的、社会学的にあらかじめ規定されているものに基づいており、したがって純粋に心理学的に処置しつくすことはできない。「思春期になった者」は、原始的な共同体では性的な成熟が必要とされるにすぎず、それ以外はただ年齢の違いによって世代と世代の間の関係が外面的に規定されているだけである。しかし、このようなことよりもっと本質的なことは、ひとが人間的な責任にすでに参与したか、あるいは未だ参与していないかということである。責任ある世代への転入は、最も明瞭には父親となり母親となることによって起こる。本来の少年期は、教育者や大人や社会や社会の諸制度が若い人たちに対して彼らが完全な責任能力にまで達していることを自明な前提として立ち向かってくるようなときに、終りとなる。これに反して、若い人たちが意味と真理に対する自分独自の探求ができるような共同体のなかで成育する場合（このためにはおそらく深刻な生活の責任から長期間引き離されていることが必要であるが）、右に述べたような深層の次元がある固有の精神的な時期に発達するのである――そのとき、少年たちにとってすべてが新しくなり、彼自身や、彼の彼自身に対する関係、隣人に対する関係、異性に対する関係、意味と真理に対する関係が問題として課せられ、また職業における、修業における、勉強や労働、社会や文化における彼の立場が疑問となるのである。こうした形の少年問題の多くは、シュプランガーが幾分ふれているように、注意すべきことに顕著な形ではただ学生に対してのみあてはまるのであって、同じ尺度では（一般には）単純な文化関係のなかにいる同年齢の徒弟や若い労働者や若い大人に対してはほとんどあてはまらないのである。ひとが外的な世界の支配に純粋に自己中心的な形で没入しているか、あるいは因襲的または伝統的に単に適応しようとしているようなところでは、意味と真理は問題とならない。したがって、高度になった文化関係における延長された少年期のもつ人間学的‐教育学的な意味は、少年をできるだけ早くから摩擦なく適応させるという点にあるのではなく、意味と真理の問いに対して自分独自の生産的な関係に入らせる機会を保つということにあるのである。しかし「意味と真理の充実はなんらかの信仰を通じてひとが閲歴する世界体験と自己体験から湧き出る」（フリットナー）ものであるから、少年期にあっては客観的な距離の発生あるいは感情的な反抗とともに、しばしば児童期の信仰が脅かされ、獲得さるべき深みの体験にさいして危機が生じてくる。こうした危機は、高揚された、あるいは低下された気分のなかで体験される。だがこの時期が教育者や世間や少年自身から、多かれ少なかれはっきりと一つの中間の段階として——すなわちすでに完結した児童期と、肉体的には成熟しているにもかかわらず完全に責任ある一人前の大人の地位には達していない中間の段階として——理解されるか体験されるかぎり、このような分裂の危険、不十分な統合と個別化の危険は、この年頃の経験する正常な冒険なのである。[23]ある行為様式がどの範囲までその年齢において典型的ないし許容し得るものとして少年に承認されるかは、同時に、社会の価値の規準に依存している。したがって、「大人」と「少年」という区別の転移がしばしば問題になってくるのであり、この区別は一つの共同体から他の共同体に移るにつれて変わり得るのである。この問題は、社会がどの程度まである実行を児童に要求すべきかという一つの倫理的な問題——たとえば早められた兵役や労働負担に関して——と密接に結びついている。過去二百年の歴史の歩みのなかで社会的関係が人間的なものになったことと、より学問的に考究された児童観、少年観が発達したことが、児童に対する寛容（ファン・デン・ベルク）[24]を生み出した。しかし他方では、児童は以前よりもはるかに多く知ることを要求されている。同時に少年たちは、いまや多くの方面において、伝統が弱まり拘束が失われた環境のなかで、自分で解かねばならないような生活の諸問題に直面させられている。国によって、社会集団によって、時代によって、こうしてまさに多様な少年の像が、若い大人の像とともに生まれてくるのである。こうした出来事は、男児にも女児にも同じ強さと速さでなされるわけではない。たとえばある少年像は、まったく教育学的に望ましいものとして追求されることもできるし、またひとが少年に対して、男子あるいは女子に対して、大人の男性あるいは女性に対して、それぞれふさわしいと考えているもの（配偶者の選択や結婚生活、家族の発展と指導、職業労働、市民的義務、自由時間の利用などのための資格等）との関連において実際に追求されるのである。

こうして、かつて子供であった者は、いまや哲学的人間学がこれまで「人間」として特徴づけてきたような大人の存在の形態と生活形式を受け容れるが、このときをもって子供の人間学と、したがって本来の教育学は終りとなる。それから先は自分の責任による自己形成であり、またこのための援助、すなわち完全に責任のある人間に対する助勢である。これは人間が責任をとることを欲するからではなく、人生の法則がそのような全き責任を内容としているからであり、人間的な生の創造の仕組みがそうあるべく方向づけられているからである。

（1）私の *Studien zur Anthropologie des Kindes*, Tübingen. 1956 参照。

（2）前掲書 S. 132 にその例証がある。オースベルは *Theory and Problems of Child Development*, New York 1958. p. 53 ff. で同じ理由からゲゼルを批判している。

（3）P. Häberlin, *Leben und Lebensformen. Prolegomena zu einer universalen Biologie*, Basel-Stuttgart 1957.

S. 53 ff.

（4）私の *Studien zur Anthropologie des Kindes*, S. 71. 参照。

（5）私の論文 *L'expérience du corps propre chez l'enfant. Cahiers de Pédagogie* (Institut Sup. des Sciences Péd. de l'Université de Liège), Mars 1954 参照。また *Die Bedeutung des eigenen Körpers für das Selbsterlebnis des Kindes. Psychologische Rundschau* V3 (1954) 参照。

（6）したがって心理学研究は、研究されている子供の未来に対する関係を明瞭確実に示すことがないかぎり「教育学的」ではない。

（7）したがって心理学的研究は、子供が体験している安全保障の程度と種類を明らかにすることがないかぎり「教育学的」ではない。

（8）Adolf Portmann, *Biologische Fragmente zu einer Lehre vom Menschen*, 2 Aufl. Basel 1951. S. 16.

（9）この事実はすでにW・シュテルンの知能の理論と知能検査の実行のなかに現われている。

（10）R. Polin, *La création des valeurs. Recherches sur le fondement de l'objectivité axiologique*, Paris 1944. S. 144.

（11）G. Gusdorf, *La découverte de soi*, Paris 1948. S. 491.

（12）A. Busemann, *Ist die menschliche Jugend wirklich ein bloßer Entwicklungsprozeß?. Die pädagogischen Gezeiten im Ablauf der menschlichen Jugend*, Freiburg (Schweiz) 1956 参照。

（13）私の *Das Ding in der Welt des Kindes. Studien zur Anthropologie des Kindes*, Tübingen 1956 参照。

（14）このことについては *"Humanisierung" mede in verband met "opvoeding"-"kul tuur". Gedenkboek voor Ph. A. Kohnstamm*, Groningen 1957 参照。

（15）私の *Einführung in die Pädagogik*, Stuttgart. 1951. 特に第七章参照。

（16）私の *Die Schule als Lebensweg des Kindes*, Westermann. Braunschweig 1960 参照。

未來社新刊案内

no.013

〒112-0002

東京都文京区小石川3-7-2

TEL03-3814-5521

FAX03-3814-5596

info@miraisha.co.jp

http://www.miraisha.co.jp/

◆小社の最新刊は月刊PR誌「未来」をご覧ください

◆ご注文はお近くの書店にてお願いいたします

◆定価表示はすべて税込です

2013.02

ルーヴル美術館の闘い
グラン・ルーヴル誕生をめぐる攻防

ジャック・ラング 著／塩谷敬 訳

「ルーヴル宮大改造計画」の渦中においていかんなく発揮されたある政治家の手腕と冒険的試み。ガラスのピラミッドをめぐる攻防戦。

四六判並製・三三八頁・二六二五円

現代世界——その思想と歴史④

リベラル・デモクラシーとソーシャル・デモクラシー

田中浩 編

革命と戦争、教育、文学における歴史的哲学的考察から、3・11以後の社会保障・公共性の問題まで徹底的に論ずる。シリーズ最終巻。

四六判並製・二二四頁・二五二〇円

書簡で読むアフリカのランボー

鈴村和成 著

天才少年詩人として一世を風靡したあと二十歳すぎからアフリカの砂漠地方で商人として短い一生を終えたランボーの類い稀なる評伝。

四六判並製・二五四頁・二五二〇円

【田中浩集　第二巻】第二回配本

トマス・ホッブズII

第一巻につづき一九九〇年代以降に発表された論考を集成。現代福祉国家の研究成果を背景とした新たな視座からのホッブズ再読。

A5判上製函入・三九八頁・六〇九〇円

UTCP叢書5

存在のカタストロフィー

〈空虚を断じて譲らない〉ために

小林康夫　著

二〇一一年の東日本を襲った大災厄を踏まえ、人間存在の問題を世界大のパースペクティヴで哲学的にも状況論的にも論じ抜いた論集。

四六判並製・三六四頁・二九四〇円

哲学原理の転換

白紙論から自然的アプリオリ論へ

加藤尚武　著

生命倫理学・環境倫理学を提唱した先駆者であり、ヘーゲル研究者である氏が、ヘーゲル思想の功罪と現代を生きる哲学者の使命を論ずる。

四六判並製・一九八頁・二三一〇円

【沖縄写真家シリーズ　琉球烈像　第一巻】シリーズ完結！

山田實写真集　故郷は戦場だった

仲里効・タイラジュン解説

〈生き残り〉の責を胸に秘し沖縄戦後写真とともに歩んだ大正生まれの写真家が、失われゆく風景のなかに繋がれる命を刻む、一三〇点。

Ａ４変型判並製・一五四頁・五〇四〇円

【田中浩集　第一巻】第一回配本

トマス・ホッブズⅠ

ホッブズ、シュミット、長谷川如是閑の研究を通じて、「自由・平等・平和」の思想を追い求め続けた氏の軌跡を集成する待望の著作集。

Ａ５判上製函入・三八四頁・六〇九〇円

【有賀喜左衛門著作集　別巻】

有賀喜左衛門研究

中野卓・柿崎京一・米地実 編

社会学や民族学、民俗学をはじめ、日本経済史、社会史など経済学・歴史学の諸領域に大きな影響を与えてきた喜左衛門像に迫る。

Ａ５判上製・三五八頁・七一四〇円

(17) たとえば David P. Ausubel, *Theory and Problems of Child Development,* New York 1958 の発達の規制に関する章参照。

(18) 私はこの前思春期の「大きな子供」の問題を一九三七年に私の *Pädagogischen Psychologie* のなかでとりあげた。私の協力者である N. Beets, *De grote Jongen,* Utrecht 1954 によっても研究されている。ドイツ語のものでは H. Muchow, *Flegeljahre,* Ravensburg 1950, 英語のものでは A. W. Blair & W. H. Burton, *Growth and Development of the Preadolescent,* New York 1951 参照。

(19) またこれと「基本的パーソナリティ」の理論が関連している。これはデュフレーヌが *La personalité de base,* Paris 1953 のなかで最も深く研究している。参考書としてはクラクホーンとマーレーの *Personality in Nature, Society and Culture,* New York 1953 及び Howard Brand, *The Study of Personality,* New York 1954 がきわめてよく使われる。

(20) たとえば R. J. Havighurst, *Human Development and Education,* New York 1953 の第四部参照。

(21) 私の *Einführung in die Pädagogik,* S. 13 a 参照。少年が強制されて、あるいは自分から大人の責任に踏み入るさいの問題を、特にドイツでハルプシュタルケンと呼ばれているものとの関連において、私の学生であった J. G. Garbers, *Intree in die maatskaplike taak,* Groningen 1958 が研究している。

(22) たとえば P. H. Landis, *Adolescence and Youth. The Process of Maturing,* New York 1942. 2nd ed. 1954.

(23) H. C. Rümke, *Levenstijdperken von den man,* Amsterdam 1938.

(24) J. H. van den Berg, *Metabletica of Leer der Veranderingen, Beginselen van een historische psychologie,* Nijkerk 1956, また W. Oelrich, *Geisteswissenschaftliche Psychologie und Bildung des Menschen,* Stuttgart 1950. の五章四節と六節、参照。

第4章　子供に対する両親の関係

I

ひとはだれでも確かに母親をもっていたはずである。だが、同じように父親をもっていたかどうかは、しばしばそれほど確かではないし、それどころかときにはそれほど重要でない。父親に関するかぎり、われわれは、原始民族のなかには、父親が子供にとって母親と並ぶような決定的な教育者でなく母方の叔父と変らないような場合があることを思い出すことができよう。そこでは、女たちは一つの女の家に住み、彼女らの子供をお互いにお守りし、必要があればひとりの母親が他の母親に代わってその子供に乳を与えるのである。もちろんそこには、われわれとはまったく別の種類の人間関係や感情が発達している。しかし、いまその価値判断を始めるのは場違いであろう。ここでは、両親と子供の関係のしかたの原則的な違いが問題である。

われわれヨーロッパ人は、両親と子供の間柄について、世界の他の多くの場所でも十分通用しうるような明瞭で包括的な関係の形式を発達させてきた。われわれはこの関係の形式でうまくやってこられた。したがって、その形式を保ち、守ってゆきたいとねがっている。

キリスト教は、この形式をこの世の神的な秩序と聖書とによって基礎づけている。しかし、われわれのなかには、こうした伝統的な関係の形式に、はっきりと敵意をもって対抗するような人たちも存在する。この人たちは、彼らの目から見ればあまりに「ブルジョワ的」あるいは「ノイローゼ的」であると思われるところのものをゆるめ、それどころか解体しようとするのである。

フランスの精神分析学者マリー・ボナパルトは、彼らがいかに自分の使命を自覚しているか、また、彼らの告発の理由がいかに確実なものであるかを示し、ひとは両親からいつも良心を引き継ぐだけでなく、ノイローゼまで添えてもらっているのだと主張している。もしわれわれがこうした考えをおしつめてゆくなら、結局、親などいないほうがよいということになろう。両親は自然なものを抑圧する。両親は子供のなかに病的な束縛を作り出す。子供は両親から無視されているように感じ、同性の親に対して嫉妬をいだくようになる。子供は自分の親が死んでしまえばよいと思っており、このため無意識の罪悪感をつくり上げる。新しい弟妹が生まれるとすぐに新しい嫉妬の感情が育てられる。あるいは、両親の愛情が十分でないために子供は「欲求不満」に落ちこむ。こうみてくると両親はいつもすべてをまちがったものにしてしまうかのようである。ただ、ここで疑いないことと言えば、ひとは母親のほうとはいっしょにこの世に生まれてくるが、父親のほうは添えものだということであり、したがって、残された唯一の結論は自然の仕組みはどうも不十分だという確認だけなのである。

だが、生命の創造ということのなかには、じつにめざましい仕組みが行なわれているのである。それは何にもまして、あらゆる人間的なるものの発展が、親となるということの上に築かれているということである。なぜなら、子供であるためには、まず親が必要であり、この親子関係が「うまくいかぬ」ときには、それがあらゆる不幸の源泉となるからである。

今世紀の初めに、親の存在に対するまったく否定的な評価を表明したのは、なかでもフロイトであった。そして「精神分析学運動」の起こったところでは、いたるところで、こうした否定的評価が蔓延している。それは、あたかも子供が両親に逆らわなければ成長できないかのように考えていた。そしてこの否定的な人間学、子供であることと成長するということについての否定的な解釈は、自分たちのように精神分析学を知っている者以外はすべてなにもわからぬしろうとだとみなしているようなサークルのなかでのみかっさいを受けたのである。

フロイトはあぜんとしているしろうとたちに向かって、まったく両親がほんとうにすることができないようなことを、くり返し理論と実例によって示した。彼は一九一九年に次のように書いている――「男の子には必ず母親に子供を生ませたいという願望がある。女の子には常に父親の子を生みたいという願望がある。」だが、こうしたことはまったく不可能であるため、その願望を代償させることのできるような道に向かって自分を昇華させてゆかねばならないのだと。また、子供はこのような近親相姦的な対象の選び方をするために、のちに罪の意識をもつようになり、この罪を清めようとして罰を受けたがるようになるのであって、彼の知るかぎりでは、「いつも罪の意識がサディズムをマゾヒズムに転換する契機である」というのである。

われわれは彼が「必ず」「常に」「いつも」そうだといっていることに注意しなければならない。

したがって、フロイトによれば、子供をもつということはやっかいな出来事なのである。そして精神分析学的な把握は、たとえ、意図したものではないにせよ、子供を生むということ、子供として存在するということを一つの意味をもった自然的な事柄として現象させるという効果をもっているのである。また、なによりも親であるということが一つの問題をはらんだ出来事として示されている。親であるとは、単に自然的ななんら問題のない生殖行為の問題のない継続であり、帰結ではないのである。

しかし、われわれは、このような立場を誇張することによって、それがもっている積極的な認識を忘れてはならない。もしこれによって両親がいつもくり返して教育者としての彼らの責任を自覚するようになるなら、それは積極的な功績を意味するはずである。だが、両親が「文化的に自然なもの」である伝統との精神的なつながりのなかにいる若い母親や父親の無意識な世界との交渉からはなにもよいものは生まれてこないから失望するのではなく、すべてが合理的な解釈をつけられてしまうために彼らがあまりにも意識過剰にされてしまって、もはや直覚的に行動することができなくなり、自分自身で事を処理してゆく希望を失ってしまうとすれば、それは大きな損失となるであろう。そのとき、両親の学ぶべき唯一のことといえば、しかるべきときに、彼らの不安定と無能力から、専門家に助けを求めてかけこむということだけになる。

II

このように両親と教師がますます不安定になってゆく傾向は——そしてこのことはここで強調しておかなければならないのであるが——ただ、フロイトの理論や精神治療的実践のなかにのみその原因があるのではない。なぜならフロイトの本を読んだり、精神治療的にものごとを考えるような両親がいったいどれほどいるだろうか。これらの理論は、じつはその素朴な絶対性とおおまかなスケッチにおいて驚くほど時代精神の一つの光景に合致しているのである。それはある時代精神の全体的な発展の原因とみられるよりは、むしろ代表とみられなければならない。われわれはマリア・モンテソーリにおいても、これと同様な警告、すなわち親は子供から手を引き、自分が何をしているかを理解すべきだという警告を発見するのである。しかし、両親がこの反省を始めるや否や、理解とか誤解とかいったものばかりでなく、完全な不安定もまた生じてくる。すなわち、これまでずっと深いところにある感情的‐行為的習慣と大略の目標を誤らぬ生活態度を駆使することによってあまり反省もせずにうまくやってきた親たちまでが、いつもどこかで誤ったことや、適切でないようなことばかりしてきた親たちと同様に動揺を起こしてくる。なぜなら人間の生活を決定的に反省に基づいてうちたててゆこうとすれば、われわれはよき思想家でなければならず、思考の規則のあやを理解し、自分が取り扱う材料の全体を見わたし、それを支配することができなければならないからである。

親たちは確かにフロイトの深層心理学的思考から影響を受けたが、マリア・モンテソーリのいっそう教育学的‐実践的な理想と方法からさらに多くの影響を受けたのである。また、最初の児童心理学者として、前世紀の八〇年代より著名なプライエルの『子供の心』の序言のなかにも、われわれは、ひとは子供を「なるようにさせ」ねばならないということ、しかも、これは植物か動物のように単純に生長させるという意味であることを読むのである。同時にここにもモンテソーリと同様な結論の警告が現われる。「両親よ、注意せよ。君たちは君たちのしていることを知らねばならぬ！」そしてこのような思考と警告のもとには、まさにフロイトの場合と同様に、子供に対する両親の関係が本質的な意味をもつものであるという正しい把握が横たわっている。ただ——見たところ——両親は、それをいつもまちがったものにしているのである。

しかし、子供の生長を説いた教育者プライエルは単純に「生長」してきたものではないだろうし、自然に第一級の学者に「発達」したわけではあるまい。それにもかかわらず、プライエルと彼のような人たちは現にこうした批判を行なうことができた。それは人々のどこか心の奥深いところで、たぶん不健康なことが起こっていたからであろう。しかし、この同じ心の深みのなかに、じつは人間的な生活の基本的な境位が横たえられているのであり、この基本的境位の上にその後の力と品位、愛と責任感、権能と労苦の意志がつくられるのである。したがってわれわれは単なる親子関係の否定的解釈ではなく、積極的な理解を必要とするのである。

III

ひとが親子関係をしばしば道徳的にめんどうな重荷をもったテーマとしてとりあげるのをいやがるのは、正しいことではないにせよ、もっともなことである。親子関係については、事実からではなく、かくされた願望から、つまりある一定の関係を道徳的な要求としてうちたて、それを若い世代に義務ないし負い目として命令しようとする願望から、多くのことが論ぜられている。しかし、われわれが親子関係の事実へと目を向けるならば、そこにはこれまで見てきたようなきわめて特殊な理論が展開されているか、あるいはその逆にあたかも確認するまでもないものとして見過ごされているのである。

では、われわれがいったい父親である、あるいは、母親であるという事実はどんな意味をもっているのだろうか。この問いと同時にこの「結合のなかにある第三のもの」、小さな新入者が脚光をあびてくる。われわれを驚かすものは両親の愛ではない。愛のない場合もあるからである。また両親の配慮でもない。投げやりということもあるからである。ではなくて、それは子供が存在しなければ親も存在しないこと、子があってはじめて親であるという確認である。

新しきものはふたりのおとなではなくて子供なのである。

子供はこれまで未知のものであったというだけではなく、端的に存在していなかったのである。そして父親や母親が、このまったく新しいものの出現によって生じたまったく新しい関係をいかなるしかたで受け入れてゆくかということが、彼らの子供に対する間柄を決定してゆく。しかも、この新しい関係は、単に彼らの生活のなかに新しくまぎれこんできた、あるだれかに対するような関係ではなく、彼らがつくり出し、生み出したところのものに対する関係であることは明らかである。

われわれは、この存在が肉体的にわれわれから出て来たのだということを、まったく具体的にみなければならない。われわれが自分自身のからだをもつように、われわれはまた子供を「もつ」のである。この子供は、われわれのからだのなかにある「異なった身体」である。しかし、異なったものではあっても、ナルシス的な人が自分の子供をあたかも宝石のように所有するように、また、身体的に欠陥のある人が自分の身体の一種の恢復として体験するように、子供はわれわれのものなのである。あるいは、これもよくあることだが、自分の生命力が傷つけられていると感じた人は、子供の生命力もまた無傷なものとはみずに、自分と同じように保護し、監視するものがなければ満足に生存できないものとして取り扱う。

したがって、決定的なことは「私が生きている」ということをわれわれがどのように感じているかということである。なぜなら、ひとは自分の同一性の体験のしかたに対応して自分の世界をもつからであり、同時にまったく自分独自のしかたで自分の子供を所有するからである。子供に対する両親の関係は、このように深く身体的なるものの基盤に根ざしているため、この事実はまったく自明なこととして見過ごされているのである。

ではこのような事実は、教育的関係においてはいかなる結果をもたらすものであろうか。すなわち、子供とはまったく新しき存在であること、われわれはいつも自己の体験に対応して子供を所有していること、したがって、この新しき存在に対する両親の新しき関係が問題であるということ――は教育的現実のなかで何を意味しているのか。

私は、われわれの身体的な自己体験が子供の身体的な存在に対するわれわれの体験のなかに現われているという問題について、ごく簡単にふれてみようと思う。

まず、この新しきものは「やっかいな子」になることができる。それは、われわれがこの新入者をわれわれの生活のなかに入れようとしないからであるか、あるいは、彼がいつもわれわれの競争者を意味するからであるか、それとも、あらゆる新しい予測できぬ状況がわれわれに不安を与えるからである。そしてこのような子供がいま現にいる場合、われわれは腹立たしさにおそわれ、こうしたはめになった自分自身をにくみ、子供をのろうという途方もないことが起こるのである。しかし、この新入者は、われわれの生活のなかで一つの積極的な価値をもつことができるのであり、魅惑的な冒険にもなりうるのである。しかし冒険的なものに浮き身をやつしているような人は散漫な教育者であり、新しい冒険のためにまえの冒険に対して不誠実になるということが簡単に起こりうるであろう。われわれは、確かに魅惑的なものとして子供を扱ってさしつかえない。しかし、子供に対する関係は、それが魅惑的でなくなったときでもやめることのできないような課題として残るのである。

ここにはすでに、他の関係と違った新しい関係が現われている。

子供に対する関係は、はたして冒険の刺激を持ち続けるだろうか。いずれにせよ、この関係は持続するのであり、しかもきわめて長く持続する。教育者はこのような長い課題の持続にどれほどまで耐えうるであろうか。われわれは、教育に倦きるということのありうることを、率直に認めざるをえない。母親は子供の世話にこれまでも「すでにたびたび」、また、「いまもなお」嫌気がさすことがあるし、父親は、子供の相手をするには「年をとりすぎている」と感ずるときがある。それにもかかわらず、この課題だけは、いかにしてもふりすてることはできないのである。

両親の子供に対する関係は、両親自身の人間としての発達の段階とともに変わる。また、子供の発達につれても変わる。子供は最初はきわめて依存的であり、やがて次第に自立的となる。しかも、子供はだまって依存しているのではない。その逆である。彼らは泣きわめいて訴える。そのとき、母親はこれをどう受け止めるであろうか。「私ですか。ええけっこうですとも。だれでも子供をもっていれば、それが生きているということを認めなければならないでしょう」とある者は答えるだろう。しかしまた、「ああ、この泣き声は私の神経をまいらせる。ほんとうに子供と理性的に話すことができればどんなによいだろうに！　私たちはこの泣き虫に仕えるためにいつも支度して控えていなければならない」と言う者もあろう。ここにはふたたび心理学的な問題がはいりこんできている。そしてわれわれは、さらに社会心理学的、文化心理学的見地から次のように問うことができる——どのようにこの集団、この民族、この時代、この文化が「子供」を受け入れているだろうか。人間存在としての子供の存在は、われわれの住んでいるおとなの世界のなかでほんとうに守られているだろうかと。

エレン・ケイは、今世紀の初めに、いまや子供の世紀が始まったという予言を行なったが、いったい子供の世紀というようなものが現にあり、またこれからもあるだろうか。おとなたちは、この世界がおとなのものであり続けるようにいつも配慮してはいないだろうか。父親たちが会議の机に向かっているとき、人間が野心をもって動いているとき、子供はいつも忘れられ、教育的な課題は無視されてしまうということが、遺憾ながら確かなことではあるまいか。

だから、もし人が前世紀の終りに次のような警告の声——すなわち、両親は子供から手を引き、彼らを可能なかぎり「生長にまかせる」ことが必要だという声——を聞いたとすれば、われわれは今日それとは逆の警告のことばを発しなければならない。「親たちよ、われわれの子供を思い出そう！　わけても野心をもって闘いつつある親たちよ、君たちは世界をわれわれの子供のために建設しているのだということを忘れるな！　政治家たちよ、子供の世界を忘れるな！」と。

それというのも、われわれおとな、両親、教育者は、権力と金銭と享楽が価値として追求されるような世界のなかで、ますます寄る辺なく生きねばならなくなっているからである。そしてわれわれとわれわれの貧弱な保護の背後には、子供の存在を認めぬような世界、しかもそこでは小さいときに子供であることを否認された者が「おとな」として君臨しているような世界が、部族が互いに殺し合っていた太古の時代よりもいっそう無慈悲に現われてきているからである。

IV

では、子供がわれわれに求め、期待しているものとは何であろうか。
それは、第一に彼らの弱さの保護であり、彼らの不足や自然的な欠損の補充である。しかし、それとともに、一つの日常的な奇蹟がわれわれに求められているのである。それは、自明な庇護されているという安らかさの奇蹟、子供がわれわれの側で侵すことのできない安全の保証を与えられているという奇蹟、非合理的ではあるが根拠のある、われわれの心の平安と、子供の存在と、その庇護に対する単純な誠実さとのなかに基礎をもった安定の奇蹟である。「たとえこの世に何が起ころうとも、わが家のなかでは安全である」ということ――それは、われわれおとなにとっては不確かなものであっても、子供にとっては、真実でなければならないのである。

この心づかいと力の集中のため、両親はどれほどの日々の浪費と権力欲と誘惑に対して親でありうるために否を言わなければならないか。これは決して親が感傷的になることを意味するものではない。親が子供をのべつまくなしに面倒をみるとか、いわんや子供を甘やかすなどということが問題ではないのである。両親に必要なものは、内面的な統一であり、不変性であり、平静さである。というのは、ただこのような内面の平静さをもつときにのみ、彼らは子供のために一つの分別ある関係の世界、自他がともに価値を認められて生きることのできるような世界、簡単に言えば、人間がそこでまたふたたび子供をもとうとするような世界の像を描くことができるからである。つまり、子供をもう一度もとうと思うのは、この親たちの心の底に——あたかも土中の種子のように——彼らの労苦が続けるに値するものであるというかくれた安心があるからである。そしてこのような深い安らぎのなかで創造の労苦が続けられているということ自体が、人間であるということはよいことであり、人間になるということも、したがってまた、子供であるということも、よいことなのだということを物語っているのである。

子供は両親の平静さのなかから、人生というものが冒険や享楽に浮き身をやつしている人たちから彼らが受けた印象とはまったく違ったものであることを体験する。しかし実際には、どれほど多くの不安定、不注意、放任のために、子供は自分で自分の世界を作りあげねばならないことか。自分を教育するものが不安定であるために、ひとりで内面的な平静さと尊厳をもった不動の世界を建設するということは、じつにむずかしいことである。しかし、それが悲しいことにたいていの人々の課題なのであり、また、ひとはそれが「現実」であるというのである。だが、子供の生活のなかに現実の要求をもちこもうとする人は、二つのことを反省しなければならない。

すなわち、現実とは、いつもただ自分が体験したものであるということ、また子供は現実の要求を、それによって彼が脅かされていると感ずることが少なければ少ないほど、自明なものとして承認するであろうということである。

内面的な平静さのなかに育った子供は元気のある子供であり、同時に現実に対して率直な子供でもある。彼は、現実を恐れず、困難や、自由を制約するものや、課題を、したがってまた責任を、みずから引き受ける用意がある。

では、われわれは、子供に対するわれわれの関係を通じて、現実のどのような姿を子供の生活のなかにもちこむのか。われわれは、生活がわれわれのなかに形作ったもののすべてを、身をもって「これが人生だ」と子供に差し出すのである。そして子供はその上に立って、やがて自己を他のものから区別する時期を、自分自分の固有のイメージを形成する、あるいは少なくともそのための基本的な境位が築かれるような一時期を、すなわち最もよい意味において思春期を迎えるのである。

V

われわれの人格のなかには、親子関係を通じて、きわめて多くの善いことが形成されうる。われわれは、ただ単に悪いことばかりが手渡されるのではないということを、むしろその逆であるということを、安心して信じてもよいのである。

だが、それは別として、子供に対するわれわれの関係からは、本質的な限界が、すなわち事物の性質とか、人間の状態とか、さまざまな種類の感情といったものが、明るみに出されてくる。このことを実例に即してもっとよく観察するため、子供の無力さと、これに対する両親の世話に注目してみよう。

われわれは両親が子供を世話するとき、いかにしばしばある客観的なるものを、ある主観的なるものと結びつけているかを知って、じつに多くの啓発を受けるのである。

私は、生の基本的範疇である時間に対する彼らの関係を思い出す。

子供は親の世話のしかたから、時間とは何であるかを——また、たぶんその世話が性急で粗末なものになるときは何であってはならないかを——容易に学ぶのである。というのは、われわれの世話が性急になるのは、われわれに時間がないからであり、時間が現在のなかでかくも急速にその価値を失っていること、われわれが未来に向かっていつも早まって飛び込んでいるということを意味しているからである。

われわれが生命が急速に老化してゆくと感ずるならば、子供は急がねばならず、世話は粗略にならざるをえない。しかし、子供の側からすれば、その青春をどうしたらよいのか、それほど正しくわかっていない場合もあろう。そのときには「年長の世代」の模倣がいっそう重要なものとなり、子供は大急ぎでいかめしいりっぱなものへ、いずれにせよ、こましゃくれた小型のおとなへと教育されるのである。

他方では、生涯を物好きと享楽に過ごすような親たちもある。子供といえども、彼らにとっては一種の遊び道具にすぎず、あきがくれば投げ出されてしまう。子供の世話が子供の存在を否認するような形で行なわれれば、時間もまた否定される。親が自分の遊びに余念がないため、子供はすぐに自分で自分の始末をすることができなければならないが、同時に子供は本来の児童期を経ないまま、幼稚な状態に取り残されることになる。

われわれはここに、子供をその人生航路にさいして、それぞれ固有の年齢に即して教育することが必要であるという周知の教育学的真理を認識するのである。

子供は、自分の年齢に応じた成長をするのであるが、同時にいつも新しい現実的要求に対面させられなければならない。すでに学校に入学するということが、そこで子供がある「時宜」に達したということ、その課題に「時熟」していることを要求している。両親だけでなく、およそ社会的なるものすべては、子供の生活のなかにこうして一つの時間の基準をもちこむのである。

われわれが他人といっしょに何事かをなそうとするとき、われわれはいつもこの「共同の時間の基準」を用いる。母親は嬰児の最初の保育にさいして、すでに生き生きとしたリズムをもって、一つの時間の姿を子供の生活のなかにもちこんでいるのであり、子供はこの与えられた時間の秩序に早くも適合しなければならないのである。そしてわれわれは一つの時間の基準が、どのような仕方で両親の生活を貫いているかを見れば、両親がそれをどのように子供の生活のなかにもちこむかということも読み取ることができるのである。このように、両親は彼らの実際の行動とともに、客観的世界の規律を子供の生活にもちこむのである。だが、両親が単純に正しいと思っている価値も、子供にはわずかしか妥当性がなかったり、誤ったものだったり、また衝撃として受け入れられたりする。というのは、両親はこの世界から子供を保護しているものであると同時に、子供に対しては、この世界を代表するものだからである。

両親を通じて、遠きものは近くなり、過去および未来のなかにあるものが、現在となる。こうして両親は、空間と時間のなかに広がっている世界という織物のなかに、子供を織り込んでゆく。ただし、両親は、元来両親のものであるような一つの世界のなかに、子供を織り込んでゆくのである。それはすばらしいことであり、同時に危険なことである。浅薄な理想や誤った感情や価値判断が伝達されないようにするためには、どれほど大きな自己統制と自己認識が必要であることか。しかも、自己認識とは、いかなるときも不十分なものなのである。

世界のいろいろな現実のなかでも、感情的な関係は、最もたいせつなものである。感情的な関係は、じつに容易に一つの世代から次の世代へと伝播してゆくし、人はまた、それが次第に客観的な根拠のあるものだと信ずるようになるのである。こうして人は、愛と憎しみを伝達し、最も基礎的な人間関係を掘り崩したり建設したりする。なかでもじつに重要な一対の感情的関係がある。それは一方では自分に満足することができるということであり、他方では、自分を与えることができるということである。また一方では悩むことができるということであり、他方ではあたかも大地が雨をよろこぶように人生を受容することができるということである。

そして人と物とに対して誠実さを守り、責任を引き受け、よき隣人であるということ――これこそ、われわれが模範によって学ぶことのできる最善のものである。これが模範を示すことによってではなく、ことばによって雄弁に語られれば語られるほど、われわれがそれを求めようとするかどうかは、ますます疑わしいものとなるのである。

VI

子供はしかし子供にとどまってはならない。すでに早くから子供はそれ自身何かであることができるし、また何かであろうと意欲していることは確かである。

子供は無邪気に、不思議そうにたずねる。「おとうさんはなぜこれこれのことをするのですか」と。そしてその問いは親たちの痛いところをつくのである。子供は口をつぐみ親の命令に従う。しかしいつもはっきりと親たちのくせや、弱点や、欠陥を見ている。子供は親を美化し、利用し、継承することができる。また、親と闘争することもできる。

しかし、いずれにせよ子供は両親から離れなければならず、自分自身の生涯の伴侶のもとへ赴かねばならない。したがって、たとえ娘が父親といかに親密な関係をもっていたとしても、彼女が父親から去って行くのは、ドラマの反対であって、悲しむべきことではないのである。

息子はそれほどには母親に対して近く生きていない。すでに十歳にもなれば、彼は「より偉大な人間」であろうとし始める。そして父親が彼にとってそれほど偉大でなかった場合、彼は代わりの偶像を――スポーツ選手や、理想主義的な青年指導者や、深遠な思想家や、権力者を――選ぶであろう。しかし、いかなるときも、その隣には平静な父親が立っていた。彼はただ立っていたのではない。彼は息子の偶像の挑戦にのるほどおろかではなかったが、息子がその偶像を実際の大きさにおいてみるように、静かに、確実に助けてきた。また、おそらくあちこちでくりかえしてはっきりした否定を息子に聞かせることが必要であった。息子がまだ、どのような道徳的背景をもつべきかを自覚していない場合、父親のことばが働いてきた。それは父のことばが大きくおそろしくひびくからでなく、不動で決定的なものであったからである。こうして、息子は空虚な風のように響くことばが彼に向かってくるのではなく、父にとって神聖なものであったところの一つの限界が彼に向かって示されているのだということを知るのである。だから、息子が父親との「一致を失う」ときは、彼がすでに男の世界に対する多くの関係を学びとり、いくつかの「第二の父」をもったときなのである。

しかし、子供が自分の伴侶を見出してしまうと、舟はもう一度岸へもどってくる。子供はふたたび両親を求め、娘は母を、息子は父をたずねるのである。母が女の生涯のすべてを経験してきたことは明らかであり、娘はそれを知って喜んで母の忠告を受け入れる。父は男の世界を知っており、息子は新たに父のことばに傾聴する。

だが、子供は自分の伴侶を得ることによって、両親に対する新しい一致を取り戻すとともに、新しい距離を獲得したことも真実である。

子供はいまやただ、彼らが親に依存しているから親を受け入れるのではなく、親を対等に理解するのである。

したがって、子供の述べる正当な批判を早くからとりあげることのできる両親は、賢明な両親であって、弱い両親ではないのである。なぜなら、彼らは未来の国を――すなわち、そこでは彼らが信頼のおけるもの、また、対等の権利をもつものとして彼らの子供といっしょに生きねばならないであろう未来の国を――すでに開拓しているからである。

両親はちょうど農夫のように人生の一つの本質的な労作を行なっている。彼らのなかには、世界の根本法則が働いている。それは、弱きものをその弱き力をとおして形成することである。なにびともそこで迷ってはならない。人生という水の泉は、大地からわき出る。それを守り、その流れに従って導くことは、一つの聖なる務めなのである。

第5章　父親の教育的役割

I

生まれたばかりの子供は、原始的基本的な意味での栄養や保温や安全を与えてくれる源泉をもっているといえても、まだ親をもっているとはいえない。

しかし生後二か月もすると、嬰児はその純真な笑いのなかですでに母親を発見していることが知られている。嬰児と母親の間には、早くも最初の習慣が、この保育されている状況のなかで作られるのである。母親に比べれば、父親ははじめから「余分につけ足されたもの」である。父親は、母親のように何かのためにあるのではなく、最初はただいるだけでまったくなにもすることがない。父親は純粋な贅沢品としてその存在を開始する。

しかし、父親が本質的に母親の「うしろに立たされている」ということは、彼が「のちのために」あるということでもある。したがって、子供の保育にさいしては、父親は自分が本来占めている場所とは違ったところにいるわけである。父親は目下のところ「母親の世界に付属して」いるようにみえるが、父親には父親の固有の世界がある。

父親は、いわば時がたってからようやくその功績がはっきりするような存在である。いずれにせよ、彼は子供の生活が生きてゆくための必要だけでいっぱいであるような日の中心には立っていない。一日の生活がやがて一見無用なものにより多くの場所を残すようになるとき、すなわち「遊戯」とか、「実験[1]」とか、「自発的活動」と呼ばれているものの余地が生まれてくるとき、父親の出る機会も増してくるのである。生後半年以上たつと、こうした空間が——生物学的必然の国における自由のオアシスが——子供のなかに現われてくるが、父親はこの空間のなかで自分の立場を獲得することができ、さらにそれを意識的に築いてゆくことができる。また、都合のよいことには、母親の手によって保育が行なわれている時期に、父親はその傍らにいることによって、ごく自然にその後の自明な絆の種をまくことができる。しかし彼がこの好機を逸したり、なんらかの理由によってそれが妨げられたりすると、「母—子」の直接的根源的な親密な領域に父親もまた属しているのだということが、ますます自明でなくなるのである。父親は子供の生活の条件に経験できるような形で直接加算されなくなり、「母—子」の親密な領域から閉め出されるということも起こり得る。そうなると、たとえ父親がのちに権威的な姿をとろうとしても、その権威は子供によって内面化されなくなり、子供は一時は父親に屈伏するが、やがて反抗し始め、あの世界悲劇の主材である子が父を殺し、父が子を嫉妬するという事態が起こってくる。したがって、あとから子供のところに現われる父親は、静かな、距離をもった、しかも暖い献身によって子供に対する自分の立場を獲得してゆかなければならず、またゆっくりと、しばしばきわめて限られた形でのみ、子供の親密な領域に踏み入ることが許されるのである。

父親はこの親密な領域に、男として彼が代表している遠い、大きな、困難な世界を結びつけ、その世界の要求を告知する。この自由なるもの、過剰なるものと、未来のもの、遠きものの世界との結合が、父親をとりわけ高く精神的な存在にする。母親は死ぬまでわれわれと密着しているが、父親は腕組みして離れたところに立っている。われわれが父親に期待することは、ただまさかのときの救助と決断的な言葉である。

子供がますます自由な活動の幅を拡げ、学校が未来への準備という名のもとに再び子供の自由を拘束するようになるとき[2]、さらに本格的には、彼らが思春期と青年期に達したとき、まさしく父親の属する大きな世界が、自主と責任を意味する真の冒険が、彼らに向かって呼びかけてくる――母から離れよ！　偉大になれ！　遅れずに学校に行け！　試練に向かって進め！と。

生活空間の広がりとともに、子供は父親の領域のなかに成長してゆく。逆に子供の生活と教育、若者の指導に対する父親の役割がますます大きくなる。「父親をもつ」とは、こうして世界のなかへ、人生のいっそう広く遠いものへと導いてゆく一人の指導者をもつことなのである。

原始的自然的な形の教育共同体においては、父親は周辺的な位置しか与えられていない。保育関係にさいして、子供に一番必要なのは母親である。(3) 子供からみれば、父親はまだ存在していない。しかし母親からみれば――低い文化形式のなかでも多くの場合、高い文化形式のなかではいつも――父親は少なくとも母と子の保育関係を扶養し、保護するものとして、また母と子を愛するものとして、はじめから存在している。父親はこの扶養のはたらきによって、また扶養と愛とによって教育共同体を構成する第三の要素として出現する。父親は子供の現存在に対してはただ因果的関係にあるだけのまだなんの意味もない存在であるが、しかし母親とともに疑うことのできない一つの位置を教育共同体のなかにもっているのである。ただ子供の生活も大人の生活と同様に、因果の法則によって制約されているだけでなく、意味関係のなかで完成するものである。このため、子供は父親によって生み出され扶養されているにもかかわらず、そのことをなにひとつ必然的にまえもって認めてはいないのであり、したがってまた、継父や継母でも父親・母親の役を完全に果たすことができるのである。

多くの文化においては、男の生活とは、とりもなおさず父親が子供から遠い、異なった、冷淡なものになることを意味している。父親は、子供の産出者として現われたあとは、たぶん教育者として現われるか、あるいはまったく消えてしまう。そして母親にもしものことがあるときは、他の女が母親の代りに現われる。なぜ継母についてはこれまでさんざん悪いことが数えあげられながら、継父はそれほど問題にされなかったかといえば、それは父親というものがもともと子供から離れているからであり、母親は本性上ずっと子供の近くにいる――純粋に因果的に近いと同時に意味のうえからも近いという二重の形において近くにいる――からである。父親に比べれば、母親に対する子供の関係は一回的、特殊的である。だが、人間の関係は、いつも個人的な歴史と文化的な歴史をもっている。ひとはそれぞれ自分独自な関係をもっているが、それぞれの関係はまた文化からも規制されているのである。

北米のあるインディアンの種族は、子供が生まれると、最初の一週間は母乳を与えずに豆粥を与える。それでも子供が生きているようなら、それから母親が育てるのである。これは「自然」とはなんの関係もない。この種族は子供を非常に早くから自立させようと試みているのである。たぶんひとはそこに遊牧民族の原始的な必要性を――放浪の生活のために母親もすぐ歩かねばならず、子供はできるだけ速やかに自立させなければならないという必要性を――みることができるだろう。こうした生活上の必要から、ひとはある一定の答を――たとえ他の考え方や可能性の欠如から生まれたものであるにせよ、規則となり得るようなある解決を――引き出す。それに多くの魔術的、宗教的なものが添加され、意味づけが行なわれて一つの文化形式が出現する。同じようにして他の民族にあっては違った思考過程が引き出され、違った文化理念が展開するのである。エディト・クラークはジャマイカ島の三つの場所における婚姻関係がいかに完全に異なっているかを示している。(4) そこでは一回的特殊的なものである母親に対する関係ですら異なって形成されており、父親に対する関係はじつに多くが未定である。世界の多くの文化は、父親に対する関係をほとんど形成していないし、形成していたとしても、まったく皮相なものが多い。

したがって、われわれがそれでも子供は父親をもたなければならないと言うとき、それがいったいどんなことを意味しているかをはっきりさせておかなければならない。子供はすでに父親をもっている。しかし、子供は父親を自分が生まれた原因としてもっているのではなく、自分の生活を条件づけるものとして、いまここにもっているのでなければならない。父親をもつということによって、じつはわれわれの世界観、文化理念、子供の標準的な発達の像が決定されるのである。したがって、フロイト的な意味で女の子が父親を必要とするだけでなく、男の子も父親をもたなければならないのである。

キリスト教的世界では、神学者はよく「神―息子」、あるいは「神―息子―神の子供である人間」の関係から教育の本質像を引き出そうとする。しかしその場合、神は創造にあたって、男から子供が生まれるのではなく、母親から子供が生まれるようにしていることが見落とされている。キリスト教的な「神―息子」、「父―子」の基本的な関係が教育に関して何かを教えるとすれば、それはまずはじめに母親の自明な創造の事実があるだけでなく、父子関係の事実も同時に与えられているということ、あるいはここでは父子関係が人間存在の第一次的な原因を表わすような関係として考えられており、したがって子供に対する第一次的な責任は、母親にではなく父親の方におかれている点にある。もっとも「神―息子」、「神―父―子」の関係から教育を演繹しようとするのは正しいことかどうか問題があろう。しかしいずれにせよ、こうしたキリスト教的解釈は一つの事態を明らかにしている。それは父親がまったく本質的に子供に属しているということである。

われわれはさきに、男の生活の「意味」は、父親が子供から遠ざかることだといった。昔もいまも、このことはいろいろな文化のなかにはっきりとみることができる。男の課題は、第一に戦士として闘うこと、そして勝つか死ぬかすることであった。第二に男はまた狩猟にたずさわらねばならず、猟人としても闘い、勝ち、死なねばならなかった。したがって女が法と国家の全体系のなかで指導的な立場をとるか、少なくとも部族あるいは民族にとって生の連続を保証するような役割を――単に子供を生むという意味での連続だけでなく、家族権または相続権においても、国家権力および政治的決断においても決定的な力をもつという意味での連続を保証するような役割を――演じている母系制文化の存在が十分考えられるのである。こうして、男の役目はしばしばより多く死に結びつき、女の役目はより多く生に結びついているようにみえる。もちろん、男は単に力によって、また自分の生命を賭して闘うものであるだけではない。彼は「母―子―父」という家族の内側からみれば、平和を体験させてくれる中心である。彼は家族が直接的な心配や脅威にさらされることなく生活を楽しめるように守り、妊娠と出産にさいして母親が弱く非力であることを可能にする。また母親といっしょに、子供たちが弱小であるにもかかわらず、彼らに生きる勇気を失わせるようなものをなにひとつ予想しなくてもよいようにする。いったい自分が完全に無力であるときほど人生を怖れねばならぬ理由のあるときはないのであるから、この時期の安全保障は人生の最大の贈物である。子供は安んじて非力であらねばならず、母親は安心して子供に専念することができなければならない。父親はこうした安全を保証するものとして、子供からみれば第二の位置に、世界からみれば第一の位置に、保護者として立っているのである[5]。

しかし父親がいない場合は、第二の女かまたは集団の全体が子供の安全を守ることができよう。たとえばキブツにおいては、一つの共同体が本質的に父親の位置に代わっている。したがって「自分の前に現にいる」ところの一人の父親をもつということは、子供の生活の最初の安全保障の問題の一つの可能な解決ではあるが、必然的な解決ではないのである。それはひとが人生のいくつかの可能性のうちから作り上げた一つの文化形式であり、他の選択もあり得るのである。そして他の選択の余地があるところでは、ひとはいつも「繰りかえして」選ばなければならない。これはいつも繰りかえして一つの形式の選択を告白し、それによって自分を義務づけ、規範と習慣を進んで引き受けるということを意味している。妊娠に至る生活と出産までの間には、長い月日が経過する。その間には多くのことが起こり得るであろう。ひとはなお他のひとと出会うことがあり、われを忘れることがあり、他所に行くことがあり、この世から去ることもあり得る。

母親は元来、自分の産んだ子供の母親であることから免れることはできない。母親がその子供をみすてるとき、彼女は自分自身をみすてるのであり、彼女の全自然を、自分が女であるという本質をみすてるのである。しかし、夫はこうした内面的成長の過程、妊娠の過程からは切り離されている、出産は夫にはできない。だが、彼は出産にさいして、その妻をもう一度選ぶことができる。すなわち彼ら二人のために、その愛のゆえに苦しみに耐えているものとして、妻をよろこんで、いとしんで受け入れることができる。

それは愛や、冷静な計算や、ためらいや、不安や、その他もろもろの根拠、無根拠からなされる一つの誠実さの選択である。それは夫を妊娠の全歴史に結びつけ、その体験をともにする機会を与える一つの誠実さを選ぶことである。この誠実さの選択は、いかに父親となることが決断に基づくものであるかを示すだけでなく、その選択の根源がまた愛による生活の結合、つまり結婚のなかにあることを示すものである。ひとが父親となるのは、ただ単に一人の子供に対する責任を自分の上に引き受けるからではない。ある特定の女を愛することで、すでにその女の子供に対しても決断しているからである。ひとは確かに全き愛を欲したのであり、全き愛には子供が不可避的に含まれている。このような愛のなかで、子供をもとうとする決断の自然的な根拠と道徳的な根拠が本質的な統一に達するのである。この決断は、さらに愛における人間的な成長の実現状態と結びついている。あたまから子供を除外するような妻への愛というものは存在しない。結婚しても先天的に父親となることを拒むような夫は、ただ形のうえでしか結婚していないのである。

男が結婚を決意したとき、彼はまた親となることも決断してしまっている。しかし忘れてはならないことは、人間はいつも新たに決断を行なうことができるということである。結婚の体験、子供をもった体験が、逆に根源的な決断の深く新しい自覚に導くことができる。しかしだいたいにおいて、結婚の決断のしかたいかんによって、その男が父親としての課題にどのように対処するかということも、あらかじめ決まっているといわなければならない。

こうした選択や誠実さが、一つの文化の精神的構造と関係があることは否定できない。乱婚的なことが普通であるようなところや、母親が妊娠した娘の世話をし、村の女の家がどの産婦も子供も区別なくとりあげて面倒をみるようなところでは、父子関係が意味をもつことは難しい。これはまた、父親であるということが男の生活のなかに一つの位置を得ることが難しいこと、男の生活を本質的に充実させるものとは容易に数えられないことでもある。こうした社会では、男の生活には女を獲得することと性的な男らしさを保つことが入っているが、父親であるということには内容も意味もないままである。おそらく自然が二人の男女を長期間、多様な環境のなかでいっしょにしておくことによって、彼らの愛着と性的な結合を助けるかもしれない。また自然は欲望や心配から共同生活を可能にするように働くだろう。しかし自然はそれを強制しない。それを決断するのは、文化と個人の良心のなかにある精神である。このため、ひとは欺くことができ、見せかけをすることができ、皮相なもののなかに自己を見失い、道を誤ることができる。したがってまた、共同社会が「お前は自分が何をしているか知っているか」と問うて男の反省を支援するのは正しいのである。そのさい、結婚せずに父親となることは、結婚せずに母親となることよりいっそう道徳的に好ましくないことである。父親になるということ――は、ある文化から暗示されるか、または深い人格的な愛から出てくるような、あるいはこの二つの根から同時に支えられているような決断、人生の選択に基づいているのである。

II

われわれは父親になるということがいかに決断に基づくものであるかを明らかにしたのであるが、次に父親をもつということが子供にとっていかなる意味をもつかという問題に注目してみよう。父親とは私の母親に誠実であろうと決断した男、しかもなんら自然的な関係のないところで、あるいは多様な関係があるところで、そう決断した男である。これで父子関係の内容は与えられたわけだが、その形態はまだ与えられていない。われわれはこの形態が多様であることから、他の形の経験的な探求を、すなわち、ただ単に事物の本質を問うのではなく、その本質が保たれ隠されている多様な変容を問題にするような経験的な探究方法を必要とするのである。

これまでの児童心理学は、実際にどのようにして子供が父親を「母―子」という原共同体のなかに受け入れるかという問題については、ほとんどなんの関心ももたなかった[6]。もっとも、精神分析学的な由来をもついくつかのよく知られた理論があるが、これについてはわれわれはただ一つだけ注意しておきたい。それは父親がいとも簡単に、かつ自明に、子供の親密な生活圏にとりこまれるということであって、精神分析学派のいうような子供がその母を父と奪いあわなければならないかのごとき嫉妬的な関係は、まさに稀にしか起こらないということである。こうしたことが起こるのは、周囲に対する小さいときの子供の関係がどこか深く破壊されているようなときだけである。だが、この場合でもなお、子供がまずはじめになんらかの体質上の欠陥によって、あるいはなんらかの突発事件によって生活の安定をかき乱され、その結果、どの新しく発見された人間に対する関係も、彼には本質的に先に知ったことを証拠だてるもの、その継続として受け取られているのではないかという疑いが残るのである。むしろ日常的な経験は、父親がまったく自然に子供の生活の一部となるという意見に合致するといってよい。ただ、父親が子供の生活のなかへ最初に入ってくるときが、明らかに大切である。異常な環境のもとでは、たとえひとが子供に対してまえもって父親のことを話してきかせている場合でも、子供が父親を認知するのは遅くなる。しかし「母―父―子」の教育共同体が正常に展開することができる場合には、父親の認知に困難が起こることはごく稀である。父親は一歳の終り頃から子供の経験の世界に入ってくるという学者もあれば、二歳からだという学者もある。そのさい、われわれは父親がどれほど子供のことに熱心であるかということと、子供による父親の認知とが深く関係していることに注意しなければならない。父親は早くから子供といっしょに遊ぶことにより、子供となじみのある遊び相手として、また母親が病気にでもなれば事実的な世話人として子供から認知される。そして子供は人間に対する自分の関係を二つの基本的なものの上に同時に作りあげてゆくのである。すなわち、子供はまず自分の世話をしてくれる人を求め、自分と感情的にしっくり合った関係を求めるとともに、この世話人を世界を媒介する者、人間を代表するものとして、客観的なかたちにおいて求めるのである。子供は自分を保護してくれる者、自分を愛してくれる隣人を求め、さらに彼に世界を示し、人生というゲームのためのカードを最初に配ってくれる者を、人間がいかに生きているかを学ぶための手本となるような大人を、求めるのである。

あとのことについてもう少し説明してみよう。男であるということが何を意味するかを、子供はその父親から学ぶのである。子供はこの男の生活の特徴となっている不動の客観的な事実の世界を、自分のすぐ近くに立っている人間、父親を通して体験する。子供は父親を体験するだけではなく、人間とはそうしたものだという根本的な事実や、人間をあるがままに受けとめねばならないという基本的態度も学ぶのである。子供はこれを父親から喜びと涙をもって、しかしたいていは安全な保護のなかで学んでゆく。もちろん、ひとは母親からもこのことを学ぶが、ただ母親はしばしばあまりにも寛大であり、われわれは母親に対してはより長く子供のままにとどまること、つまり子供らしい主観的な意味において自己自身にとどまることが許されている。しかし父親はむしろ子供に向かって自分自身を統御し、よく振る舞うことを命令する。これはひとは他人を考慮せず自分を押し通すことはできないということを思い知らせることである。(7) 父親は母親よりも他者をいっそう客観的に扱う。それは父親が労働の世界、実行と事実の世界という遠いところから子供に向かって立ち帰ってくるからであり、父親の領域は母親の領域よりもさらに広く、硬いものだからである。母親の領域は、身近な、安らかな、親密な、個人的な世界であり、父親の領域は、ひとが大きくなったとき入ってゆくところの、大人の社会の巨大な諸力が格闘する世界である。少年だけでなく少女に対しても、父親の領域は同様の意味をもつ。少女は――正しく教育されている場合――一人前の女としての課題と態度を母親から学びとる。しかしまた、父親はその娘を女の正しい位置においてみることにより、また妻として、母として、パートナーとして、愛すべき存在として、女が彼にとって何を意味しているかを娘に示すことにより、彼女に女であることを要請するのである。すなわち少女は、拒否し、修正し、修得すべき女らしさの原像を、父親から受け取るのである。たとえばエロス的に不満な父親は、自分の娘に対して過度にエロス的なものを要請することができるし、また娘はそれを否定的に受け取って、自分の態度のなかでエロス的なものを抑圧するということが起こり得る。もちろん少女に対する母親の役割はきわめて重要なものであるが、そのことについてはいまここで立ち入ることができない。
「父親をもつ」ということは、われわれの文化のなかでは、少女が女であることの意味に向かって開眼されること、わが家の安全な領域のなかで、彼女が女として語りかけられるということである。したがって女というものが父親にとって何を意味しているかということが、きわめて重要になってくる。少女はその父親から、一人の男と生涯をともに歩むということが何を意味しているか、男であるということがどんなことであるかを読み取るのである。女らしさということに関して父親が大切なだけでなく、男の生活の意味、および女に対する男の意味が、父親を通して少女に体験されるのである。しかし、父親は男の世界を代表する唯一の者ではない。父親は子供や家族に対する振舞いによって、あるいは正義や不正義に対する態度、行動によって、真の男とは反対のものの例にもなり得るからである。父親のために、かえって少女のなかに男から離れようとする感情や、こうした男の原像の特定の性質や特徴にことさらに対立するようなものを積極的に評価しようとする感情も発達し得るのである。

それゆえ、父親に対する関係によって、少女のなかには情緒的な一連の基本的な態度が決定されてくるということができる。もっとも、他の文化のなかではこのような態度決定はたぶんなんの役割も演じないか、あるいは違ったものになるかするであろう。しかしわれわれの文化のなかでは、子供にその父親がはっきりしていないときは、その子供は決して完全な世界のなかに生きてはいないのである。彼らは必ず自分の父親を知ろうとする。この点、ひとが子供に隠さねばならぬようなことをなにひとつもたないということが、きわめて大切である。なぜなら子供はそうした秘密をかなり確実にかぎ出すものだからである。しかし、父親に対する関係に何か隠されたことがあり、父親の記憶が薄れ、傷つけられている場合、子供は自分に対する否定的な感情的基礎を作りあげ、心理的な傷害を受けるという事実から、ただちにもし子供が一人の父親をもちさえすれば積極的な感情的基礎が確実にできるのだというような結論を簡単に引き出してはならない。父親をもつということは、正常な精神的、心理的発達の最高に価値ある条件であり、まったくすばらしいことである。しかし父親の方も、それにふさわしい父親でなければならない。だからわれわれはまず簡単に父子関係を素描したのち、よき父、正しき父について語ったのであり、父親の価値評価をしたのである。父親をもたないということはよくないことだが、よい父親をもたないということも同様によくないことなのである。

娘と父親の関係には、まったく特別な意味がある。父親は第一に娘を子供として、しかも自分の子供とみなければならない。またやがて他の男の妻に、その男の子供の母にならなければならない若い女とみなければならない。すなわち父親は、娘が女として一人前となってゆくための独自な道をきりひらいてゆくのを助けるように、自分に委託された存在とみなければならない。父親が娘をただ女としてみるとき、性的虐待の危険が生まれてくる。性的虐待は第一に娘が彼の子供であることを否定し、第二に生活の秩序を破壊し、第三に性生活の規則を蹂躙する。なぜなら少女は、とにかくここでは自分に与えられねばならずまた自分から奪われてはならない何かが問題となっているということを、下意識的に聴いているか、あるいはすでに予感しているからである。また父親は母親のものであり、ひとが信用することができなければならぬ世代に属しているがゆえに、世代がはっきりと区別され、秩序だった性的関係が存在し、また父子関係がすでに一つの独自な意味を獲得してしまっていればいるほど、それはますます一つの傷以上の荒廃を意味する。したがってフロイトがこの問題について、すべての少女は例外なく父親から子供を得たいと希っていると主張したとき、(8) 彼は大変な間違いを犯したのである。「父—娘」の関係については、フロイトはなにも理解していなかった。それどころか、彼はこの関係を完全に誤って解釈してしまったのである。

私は十四歳になる少女から次のような手紙を受け取った。「私の母が明日あなたのところへお話しに行くでしょう。どうか一つだけ母に言って下さい。私は自分の父が誰であるかを知りたいのです。母はいつも、父は私が生まれる少し前に死んだのだといいます。でもそうとは思えないのです。私がしらべたところでは、父はすでに私が生まれるよりも一年前に死んでいます。これはありえないことです。私はだから誰が私の父であるかを知りたいのです。私はいま、私によくしてくれる知らない人たちと住んでいます。しかしそれよりは私は私の父と住む方がよいのです。私は母のもとでは住むことができません。そこにはヨハン小父さんか、でなければ他の小父さんがいるのです。私はあの人たちが嫌いです。どうか私に代わって母にほんとうのことをきいて下さいませんか。」

これはよくある話である。子供は健全な、無傷の世界を構成しようとする。このためには、母親をもつことだけでなく、父親をもつことが必要である。子供は父親を知らぬかぎり、自分の未来を見ることができない。彼らはいかなる代理人も、いかなる童話も受け入れない。彼らはただ真実だけを——彼らの信ずる真実だけを受け入れる。子供にとっては、単なる動物的、生物学的父子関係は眼中にない。「父親をもつ」ということは、世界のなかに固有の場所を決定することができるということであり、自分がどこに所属するか、どこにかこわれて安らぎを与えられるかを知ることである。この真の安定のために、子供は真の父を、たとえその父がもはや存在していなくてもなお知ろうとするのである。そしてこの「第一の父」を知ることが、だいたいにおいて「第二の父」との正しい結合を可能にする条件である。すべてこうしたことは、所属性が重要であり、場所規定が生活の意味をなすような一つの文化のなかでのみ起こり得る。こうした文化のなかでは、一人の女は決して偶然に子供の母親となったのではない。彼女は自分に所属している男の子供の母親なのである。「父親をもつ」ということは、単に一人の子供の産出者がいたということだけではなく、母親が一人の夫をもつということを前提とするのである。われわれの文化のなかでは、ひとはただ父親が特別に私のために生きており、私に所属しているときにのみ、完全な意味で父親をもっているのである。すなわち、父が私をもとうと欲するときにのみ、私も父をもつことができるのである。母が父の排他的な所属性のイメージを汚す場合には、少なくとも子供からこの安全と場所規定が失われて、子供はまったく孤独と人間的な平衡の喪失におちこまざるをえなくなる。そしてこの子供の孤独と世の中での寄る辺なさとが、父親に救済者の意味を授けることになるのである。

それにもかかわらず、未亡人はその子供に対して父親の代理をすることができる。それは彼女が父親の役割を演じようとするからではない。彼女を通して、父親に対する愛と、父親が母親に対してもっていた意味とが、子供に体験できるからである、母が父の死を泣き続けることによってではなく、父の生前通りに、さらによろこびを実現してゆこうとすることによって、子供に父の意味が理解されるのである。

III

父親は娘だけではなく、息子ももつ。息子の誕生——とりわけ最初に生まれた息子は、ひどく大切にされるようにみえる。フロイトによれば、男こそ神が本当に創ったすばらしい被造物であり、女は息子を生めるということでとにかく何かをすることができるというわけだが、彼はそこでユダヤ的、キリスト教的な世界の家父長的文化形式によって誤らされている。なぜなら、われわれがさきにみた通り、男は教育の過程のなかではただ副次的な役割を演ずるだけで、国家のなかでも特に決定的な支配力をもたないような、まさに反対の場合があり得るからである。むしろ、女はいつも不可避的に結果を負わされるのに、男は勝手なことができるというのが、まだ多くの場合ふつうなのである。だからこそ私は、父親の第一の徳は誠実であると言ったのである。誠実のみが彼に自分の行為の結果を自分で引き受けさせることができる。誠実と責任感とは一つである。そしてこの二つの徳こそ、父親がその子供に、したがってまた息子に、身を以って模範を示し、教えこまなければならないものである。父親は確実な庇護を意味するだろう。だがその場合、決定的なものは、体力的、物理的な支配力ではない。父親は戦い、勝ち、建設し、生活の糧を作るであろう。しかしそれだけではない。本質的なことは持続への指向、未来と遠きものへの指向にある。したがって、計画性と恒常性のなかにある。

このような意味において、父親は種の連続性を確保するのである。若者たちは、父親のもとで大きくなり、やがて父親と肩を並べ、彼を助け、さらに彼の肩からその重荷を引き継いでゆくための時を過ごす。父親はまたその子供たちを、彼らの固有な労働の課題に向かって、また彼らの固有の責任に向かって方向づけてやらなければならない。そして子供が独立して自分で何かを企てるようになったときには、父親は自分の不安を克服して、この意気をよろこぶべきものとし育ててあげるように母親を助けなければならない。父親が若者に対して嫉妬を起こしたり、古代の神のようにわが子を食おうとするようなことがあってはならない(9)。むしろ彼は子供の冒険や企図や仕事を積極的に評価し、公正な是認と叱責を与えるべきである。このためには、父親が人生とは何かを知っていなければならず、自ら生き、自ら課題を引き受け、自らの業績と努力によって自らをはかり、軽々しく苦情を言わぬということを学ばなければならない。今日の父親には時間がない。したがって彼らにはまた未来がない。彼らは甘やかされたために青年になっても小児的な態度から脱却できずに苦しんでいるような息子たちを作り出している。この問題を取り扱ったあるアメリカの書物は、いみじくもそれを『狂った成長』と呼んでいる。

　途方もなく寛容な世界、そこでは父親にとってすべてが好都合でありすぎるか、忙しくて動きのとれない世界、そうした幸福な世界は、父親を決して正しく成長していない人間、いつも遊びや余暇や享楽に心を奪われた無責任な人間へと転化させる。ここでは結局、誰も責任をとろうとするものがいないことは明らかである。福祉国家とともに現われる可能性のあるこうした誤った子供部屋のなかで、ひとはたくさんの金をもちながら、わずかばかりの仕事と拘束と規範しかないために、その使い途に困っている。あるいは権力だけにしか関心のないものの権力争いが起こる。彼らも、彼らにおとなしく追従するものと同様に、受益者であり寄食者にすぎない。しかし他方では、人間の実存の深みから永遠の願望が——生を創造的に形成し、既存のものを越えて何か独自のものを求めようとする願望が——くりかえして出現する。それは人間に無限なるものに向かって伝承されたものを突破させようとする。このような人間は、衝動や欲望に身を任せたり、党や警察国家の他律的な強制に容易に屈伏することなく、反対に反逆する者となる。あるものはこれを自己自身への反逆と呼び、他のものは神あるいは神々への反逆という。だが時勢は、人間がこのように自分で責任をもとうとして突破しようと考える、言いかえれば、本当に大人らしくなろうとして突破しようと考えることのないように、人間が自分自身について考えるかわりに物事を外側から考えるようにさせようとして躍起になっている。実験主義者や操作主義者は、客観的という名のもとに無関係でありたがる。あるいは、自分で自分を洗礼しようとしている。無関係であるためには、ひとはなるべく自分の世界のなかで予期せぬ先導をせずにすむようにしなければならない。ここから、ひとは自分をさまざまな体制のなかにはめこもうとする。すなわち、政治的な体制だけではなく、人間を物にしてしまった自然主義のおとぎ話や、人間が志向すべき目的の体制、何をいかに評価すべきかを示す価値の体制のなかに人間を閉じこめようとするモラリズムの体制のなかに、あるいはさらにあらゆる目的や評価を不要にしてしまうような体制のなかに逃げこもうとするのである。体制がひとに責任をとる自由を残している場合には、その体制のなかにおける責任は、完全に人格的に責任をもって自分の生活を生きている真の大人を要求する。(10) ひとはこの責任をよく忘れることがあるが、現実はそれを許さない。現実は大人に向かって、彼らが自分の役割をそのまま正しく引き受けるよう、再び押し返してくるのである。人間が積荷を引く獣と異なるのは、「かくあるべきであるがゆえに、そう意志する」ものとして、その課題を自分で引き受けることにある。事実またこの人間は課題によって規定されているのである。

　人間が課題によって規定されているとは、何を意味するのか。それは男にとっても女にとっても、また父親にとっても母親にとっても、すべて真実であろうか。その通り、両者はともに人間であるがゆえに同じである。ただ両者には確かに性別によってそれぞれ特殊な課題、労働の分担、立場の違いが予想されている。われわれはこのことを過大に考えても、過小に考えてもいけない。過大にみるときは、人間をただの性的存在にしてしまうし、過小にみるときは、男女という一つの根源的事実を無視して、少女が女となり、少年が男となることを困難にすることになるからである。

ここでまず第一に問題になるのは、いろいろな徳ではなく、徳を必要とするような、また父親にとっても母親にとってもよいものであるような課題と、この課題の受け容れ方である。ただ、課題が多様であり、その課題にどこまで寄与できるかという点に違いがあるために、徳は課題や性別や状況に従って――誠実とか勇気とか正直といった同じ名で表わされるときでも――その内容を異にするのである。したがって、われわれは父親の課題から、父親に要請される徳を理解することができる。われわれは、父親が飢えや敵のような外からの脅威に対して、われわれを安全に守ってくれることを期待する。したがって父親に勇気と信頼性を期待する。父親はこのため、断固とした、決断することを知っている人間でなければならず、またひとを決断に導くことのできる人間でなければならない。これは父親に果断さが求められるということである。また、われわれは父親が母親といっしょに身近な日々の生活を形成してゆくとともに、もっと大きな共同体の秩序をわれわれに教えてくれることを求める。われわれは父親に課題を選択するときの指導と、その課題を受けとめてゆく手引きとを求めるのである。(11)

父親は、子供がそこで成長し、自分の力や素質や限界を探求したり学んだりするために時を過ごすところの保護された領域を、ただ単に愛情と労働によって作りあげるのではなく、平衡を通じて、また正しきもの、適切なものに対する感情を通じて作りあげるのである。この保育のはたらきは母親とともに始まり、母親によって継続されるのであるが、ただ父親によって保証され、守られた家のなかで行なわれるのである。ボルノーは、子供に本当の人生に対する信頼をもたらすことのできる、庇護されているという安らかな感情の最初の基盤が、いかに母親から子供に与えられるかをじつに正しく示している。[12] しかしわれわれはさらにつけ加えるべきである——子供が実際に人生と存在に対する信頼を拡げてゆくためには、父親がまずそれを保証し、生きた手本となり、具体的な生活態度において実現してみせなければならない、と。

父親がこの課題を物質的な問題に変え、人格的であるべきものから公的な制度を作るとき、彼は同時に成長しつつある子供から道徳的な純粋さを要求しなくなる。子供の運命に対する誠実さの代りに、規則の正当化が踏み込んでくる。彼は情に惑わされることなく厳格な形式主義でやってゆけると信ずるが、この形式主義はついには彼を悲劇的な冷酷さ、パリサイ主義に近づける。[13] 新約聖書の戒めた心情の硬化が現われるのである。子供は安らかな庇護の代りに、モラリズムの岩の上に、裸で、寄る辺なく、不安に放置される。父親が役人になってしまうということは、規則という外套に飾られ、覆われなければならないような、深い信頼喪失のあらわれなのである。

もし右に述べてきたことすべてを父親が引き受けなければならないとすると、ひとは正しい父親であるということは不可能だと言うであろう。私も明らかにそれは不可能だと答える。なぜなら、父親はいかなる純粋に自然的な要件も、いかなる単純な因果関係も、子供の必要によって強制されるようないかなる贈物ももたないために、また彼には選択と決断と信頼があるだけであるために、よい母親よりも、よい父親の方がはるかに少ないからである。もちろん、正しい母子関係は単なる自然的な関係ではないし、女もまた決断しなければならず、正しい母親であることも同様に不可能であると言えるにしても、なお女が母親になる方が、男が父親になることよりも、「本性上」はるかに易しいのである。まったく母親であろうとしないような女は、父親であろうとしない男よりも、いっそう完全な意味で本性から逸脱している。女の方が男よりも、こうした決断には耐え難いものなのである。

とにかく、われわれは正しい父親であることは不可能であるということを、まず誠実に認めなければならない。フロイトによれば、神の信仰は、人間のなかにある幼児的な心性に由来するものである。だがひとは次のように言うこともできよう——「いや、神は父親たちが作り出したものである。信仰者の神は、自分に自信を失っている父親たちが抱く一つの理想像なのである。そしてこの父親たちは、そのさい理想的なのは私ではなくてかれ、すなわち神だと言っているのである」と。したがって妻が夫の信仰に同調するようなときには、まったく面白くないことになるかもしれない。父親たちは自分たちよりももっとよい一人の父がいることを信じてもかまわないが、その父は彼ら自身の不完全さを完全に改良するものではない。要するに妻は神を信ずることによって、ひそかに夫に対して「あなたでは十分でない」と言っていることにならないように、神を信じなければならないわけである。

それゆえ、父親はいわば自分へと追放されているのである。父親はその課題を、逃れる余地もなく自分の上に引き受けなければならない。父親が「神こそは唯一の正しい父」だという場合には、彼が神の審判を自分に下し、神を信ずることによって安んじて働くかわりに、じつは神の名を借りて自分のアリバイをつくろうとしていることがあるかもしれないのである。われわれがここで結論としていえることは、父親が事実として決断をするということ、あるいは、父親には自然がほとんどなんの助けにもならぬところで、[14] またどのようなこの世の法廷も、神自身ですらも彼を放免することができないようなところで、そのような決断をすることが前提されているということである。

したがって、父親には法則はあまり役に立たない。しかし、秩序ある世界は彼のものである。父親は秩序の支配を求める。ただ彼は、同時に好んで力動性、決断力、実行力、突破、探求、冒険を語る。彼はまた、いとも簡単に、「秩序」を支配と同じ意味にとる。このような父親は、秩序を作り出すとともにそれを破壊するところの男である。そこから父親には、一つの大きな道徳的、心理的な重荷が――いかにして自分の生活のなかに確実な統一を保ってゆくかという問題が――再び起こってくる。彼は、父として平和を好みながら、男として戦いを起こす。父として秩序の支配を求めつつ、男としてしばしばきわめて一方的、自己中心的に秩序を破壊する。父親はただ単に新しきものを欲するのではなく、いまある安全を破壊しないように、新しきものを達成してゆかなければならない。あとをふりかえることを知らない猪突猛進の人間は、他人を犠牲にして世の中を生きている者である。彼は「生の法則」の名のもとに、自分が生きるためには他のものを食い殺す一匹の猛獣であり、ただ自分よりも強いものがこの法則を自分に適用しないことだけを願っている。最も危険な父親とは、猛獣をつくり出すか、奴隷をつくり出すものである。社会はこのような父親を反社会的存在として注意しなければならない。思うに、われわれには一つの課題が与えられているのである。それは自分のなかにある父親の要素と男の要素の間に「同じ重さ」をかけるのではなく、最高のものを最高のものとして通用させ、決断にさいしていつも正しい位階を見出そうとすることである。もし社会における人間関係が皮相なものであるか、多義的になっているために、こうした価値の位階関係が直覚的に把握できないような場合、われわれが父親の役割と男の役割を正しく結合するのはきわめて難しくなるであろう。実際には、われわれはこの役割を両方演技しているのであって、一方の役割があまり負担になってくると、簡単に他方の立場に鞍がえしてしまうのである。

　われわれは今日、十六歳でとまっていてもよいような世界に生きている。多くのことが計画的にうまくできあがっているが、ただ新しい世代はますます前の世代よりも幼稚になっている。ひとは確かに自由な時間を好む。しかし労働は好まない。ひとはときおりは子供を好むかもしれないが、教育は好まない。ひとはまた金銭やぜいたくや安楽、遊び、日光、祭りを好む。しかし、それはいわば天から与えられるべきものである。かつては父親がそれらをわれわれに与えることができた。だがいまでは、彼らはむかし行なっていた役割をもう演じていない。父親はなにより家族の生活の安全を保障するものであったが、いまでは福祉国家が父親に代わっている。われわれに上からよきものを与えてくれる者は、今後は父親でもなければ天でもない。「危険な生活」にあえて飛びこむなぞということは無用である。冒険は余暇仕事であり、子供の遊びであり、スポーツ活動となる。おかげで、戦争はもはや偉大な冒険ではなく、徐々に、かつ端的に、それがいつもそうだったところのものへ、つまり人間の愚かさのなかでも疑いなく最も愚劣な浪費へと変わってゆく。もし男たちが戦争の相談をしに集まるようなときには、彼らは自分が父親であり、父親は平和を欲しているということを忘れないようにすることが必要である。歴史の舞台にはいくつかの新しい国家が現われてきているが、しかし男たちがまだわずかしか父親としての課題を理解していないような社会、父親が家庭という狭い枠以外ではなんの意味も与えられていないような社会、父親という文化的な形が戦士または猟師という自然的な形に圧倒されているような社会にまだ生きている国民がいるかぎり、石器時代は完全に終わったわけではないのである。世界が人間的になってゆくためには、時間が必要である。父親の自覚も、世界が人間らしくなってゆく過程とともに、ゆっくりと進んでゆく。これは世界が母親にとって次第に住みよいものになってゆくことであり、また教育が女の仕事から、あるいは男が熱中している権威的な伝統の伝達という仕事から、父親によって尊敬されるような仕事へと高まってゆくこと、永い間正当な評価を受けず正しい発達を阻まれてきたものが、新たに光を浴びてくることを意味している。しかし、教育の黄金時代はまだほど遠い。人間を自然主義的な体制の枠内で、きわめて影の薄い、まったく危険のないものとして取り扱おうとする多くの方法が発達してきたが、ひとは今日の科学を用いて、しばしば空虚な鏡の前に立っているような迷いをひき起こしている。ひとはそれをのぞきこんで、そこに空虚な影を、無数の錯覚を、結局は無を見ているのである。われわれの現在の課題は、人間に自己自身に対する勇気を取り戻させることである。そして同時に、謙虚であり、自己と世界に対する信頼に根ざしているような大いなる勇気をもつように助けてやることである。

ここでふたたび父親が立ち帰ってくる。ひとが父親の意味に目覚める時代とは、男が自分に控え目となる時代、父親が平和を望み、男から平和をかちとる時代、父親のもつあらゆる造形的な力が意味にみちた生活を形成するために用いられる時代、破壊的な諸力が中庸をえた形成へと転換される時代である。それは弱き者が、これまでいつも約束を守ったことのなかった強き者のまえで、最終的な安全を保障されるような世界、母と子がそこで保護と休息を見出せるような世界、また人間がその最もすばらしい可能性を実現することのできるような世界になるであろう。そのとき父親はもう一度自分を発見し、世界に還帰し、勇んで労働に励み、自己の面目を発揮するのである。

だが、われわれはまだそこまでは達していない。われわれは父親に向かってさらに言わなければならない。あなたにはまだ重荷が待っている。あなたのまわりを大きな責任が壁のようにとり囲んでいる。妻や息子や娘たちは、いつもあなたを必要としている。彼らはあなたとともに傷のない、安定した世界を求めている。あなたは倦まずたゆまず前進を続けなければならない——と。われわれの時代には、自己を形成し、あるいは再形成するためのこれまでになく大きな可能性が人間に与えられている。しかし、同時に誤ったものや安直なものに逃避する可能性も開かれている。父親が自分自身と自分の課題を回避しようとしないかぎり、彼はこの世界のなかでは不安定となることをまぬがれない。父親の課題は、先の時代よりもいっそう高いレベルで要求されている。かつて、それは労働することであり、飢えや貧困から家族を守ることであり、国家的な職務に奉仕し、子供の生活と信仰を導くことであった。だが、今日では、こうしたことはみなきわめて軽いものになってしまい、それぞれの専門家や施設がわれわれをとりまいている。このこと自体はすばらしいことであり、感謝すべきことである。だがそのかわり、われわれは生活そのものをただ生活するために行なわなければならなくなっている。われわれのもつ空隙に、娯楽的、商業的な産業が入りこんでくる。父親の労働は、それを通して子供が父親と出会い、父親を体験することがますます少なくなるような形で行なわれることになる。労働は幸いにも、もはや宿命ではない。しかし、労働は、今後は簡単には見えない、感ぜられないものになる。このため、父親の領域は決定的な意味を失ってくるのである。まだ教会は存在している。しかし教会もまた、われわれはまったく離れたところからそれを眺め、そのことばを聴くことができるのである。われわれは多くのものを買うことができ、多くのものを見ることができ、あらゆることを試すことができ、そしていつの日かまったくふだんと同じように安楽に死ぬことができる。われわれが一定の繁栄に達したとき、この人生から何かを創造するという課題はすでに達成されたかにみえる。しかし、われわれはその場合にも、まだどこかに問題が残っていることを知っている。それは人間の尊厳の問題である。われわれは貧しさも豊かさも、役職も地位も、この人間の尊厳を最後的に決定するものではないということを知っている。われわれは人間の尊厳が、じつは利己的でないということに、一人の人間がわれわれに報酬を求めることなく与えたものに関係していることを知っている。これはまた、人間がそのなかで自分自身を踏み越えてゆくところのもの、人間が人間的なるものをそこで超越するようにみえるところのものと人間の尊厳が関係していることを、われわれが知っていることを意味する。そしてそこで、男は父親としての自分自身、女は母親としての自分自身に出会うのであり、実際に愛することによって、彼らは自己自身を超越するのである。人間の尊厳は、偉大な具体的な無私的な献身のなかにある。この無私性は、われわれを隣人に対して弱く傷つき易いものにもするし、強いものにもする。こうした義務の強さと、無私および克己のなかにあ

る強さへの義務は、誠実の徳と一致するものである。(15)

父親をもっている者、あるいはもっていた者は、その人生のなかで、彼の安全を守りながら、彼のなかに彼が自分を賭ける勇気を、善なるもののために自分を超えてゆく勇気を、無私と誠実をめざして自己自身を克服してゆく勇気を発見するよう助けてくれた者との出会いを行なったのである。「父親をもつ」ということは、弱き者の味方となり、本質的なるもののために己れをすて、高邁なるもの、崇高なるもののために自分を賭けるという課題と実行を、まったく人格的に、深く直接的に体験することを意味している。

父親をもつということは、しかしまた一つの否定と出会うことでもある。というのは、誠実であろうとする者は、それを破ろうとする者には否を言うからである。誠実であるべく教育しようとする者は、己れの行動を通じてそれを教える。しかしまた禁止を示すことによってもそれを教えるのである。父親のよさは、精神的なかたちのなさや柔弱とは本質的に別ものである。それは、父親のわれわれに対する、あるいは人間に対する愛から発するものであり、利益を求める者に与えられるのではなく、弱き者、無援のもの、愛しき者のために捧げられるのである。父親をもつとは、秩序ある世界を認識することであり、新しいものを新しい秩序のなかで形成してゆくことを学ぶことを意味している。

父親をもつということは、また男であるということが一つの自然的な所与であるのに対し、父親であるということが自然的なるものの秩序に基づきながらも、それより上にある一つの高次の規定であることを意味している。父親であるということは、男が一段高く精神化されることである。父親であるとは、農夫であるとか、教師であるといったような一つの職業ではないし、男であるということの片手間にできるような仕事ではない。われわれは男であるか父親であるかのいずれかである。これと似た関係は、確かに女と母親の間にもある、しかし、女は自然の保護によって母親として生きるが、男は父親であることに逆らう。女は家というかこいの中で、家族内の労働に従事しているが、男は遠い世界のなかでいつも問題を強制され、すぐにも破裂しそうな緊張のなかに生きている。

造物主は理由なく人間が未熟な子供として生まれ全面的に父母に依存するようにしたわけではないと考えて家族を保護し、また保護しようとしている人たちも、父親のことはたいてい一時的にしか考えない。男たち自身、しばしばきわめて皮相的にしか父親として自分自身を意識していない。彼らは労働時間の短縮を考えても、これによっていっそう人格的に彼らの家庭のなかで家族のために献身すること、あるいはよりよい父親になるための機会をさらにつかんでゆくことは、ほとんど考えないのである。将来のことを憂うる人たちは、十五歳から二十二歳までの青少年の中間的世代の出現を警告し、また婦人の解放を問題にする。しかしこの人たちは、もっとそれ以上に、父親に注意を向けなければならない。父親たちは、確かにこれまでも存在していた。しかし、われわれの文化は、父親たちがすべての男の本性に抗して、正しく禁欲的な目的のもとに生きるという課題に目ざめるよう、われわれを規定しているのである。男、は、したがって父親とならねばならない。われわれの時代は、他のたくさんの大きな課題とともに、男をよき父親にするよう助けるという課題もまた設定したのである。われわれはこの課題が現にどうなっているかを見つめよう。そしてわれわれはわれわれの時代の形成に参与している以上、われわれがこのために何を寄与しているかを、まず第一に反省しなければならない。

（1）Bühler-Hetzer, *Inventar der Verhaltungsweisen des ersten Lebensjahres*, Jena 1927 参照。

（2）私の *Die Schule als Weg des Kindes*, Georg Westermann, Braunschweig 1960 参照。

（3）「母―子」関係については J. de Wit, *Problemen rond de moeder-kind relatie*, Amsterdam, 1962 参照。

（4）Edith Clarke, *My mother who fathered me. A study of the family in three selected communities in Jamaica*, London 1957.

（5）「馬は父親に似ている」とビツェンコは嘆息した。「それは数えきれぬほどたびたびわれわれの生命を救っている」Isaak Babel, *Budjonnys Reiterarmee*, München 1961, S. 102.

（6）私の共同研究者である N. F. van der Zeyde, *Opvoedingsnood in Pedagogische Spelbehandeling*, Bijieveld, Utrecht 1962 がこの問題をとりあげている。

（7）われわれが、母親は「しばしば」より寛大であり、父親は「むしろ」自分を制御するよう命令すると言ったわけは、そこに個人的な差があるだけでなく、家では子供に対して遊び半分に関係しているような父親もいるからである。父親が家でわずらわされるのを好まず、遊び好きであるような場合には、母親が秩序を保たなければならなくなる。その場合、父親の役割と母親の役割の間に混乱が起こり、結婚関係が変わり、さらには継続できなくなることもある。しかしまた、母親が子供を温く世話するという課題と、きびしく訓練するという役割を調和させている場合もある。ここから事例に即した考察がきわめて大切なものになるであろう。

(8) S. Freud, *Gesammelte Werke* XII, S. 207. また私の *Die Beziehungen der Eltern zum Kind*, Das Kind in unserer Zeit. Eine Vortragsreihe. Kröner, Stuttgart 1958 参照。

(9) R. Vuyk, *De persoonlijkheidsontwikkeling in gezinnen met twee zoons*, Amsterdam 1960 S. 9.「同様にわれわれは……父親が長男をエディプス的な自分の競争者として拒絶しようとし、母親は逆に彼に引きつけられるのを感ずるという、この年齢の子供に対する精神分析的な仮説を確証することはできない」。

(10) R. Polin, *La création des valeurs*, Paris 1944, p. 180 参照。「目的の体制すなわち人間の行為を導く適切な目的の全体を構成するのは不可能である。価値の体制あるいは目的の体制が問題になる場合には、ひとはただ一つの理論的な見通しのなかにいるという条件付きでしかその体制を語ることができない」。

また Bollnow, *Wesen und Wandel der Tugenden*. Frankfurt a. M. 1958, S. 26 参照。「そのような完結した徳の体制は存在していないし、また決して存在することはできない」。

(11) René Le Senne, *Obstacle et valeur*, Paris, Aubier, o. J., p. 6 参照。「人生の大事は、自然と社会に対する内的、超越的な選択のなかに、内密で完全な、時流から独立した、いつも改新的な選択のなかにある」。

(12) *Wesen und Wandel der Tugenden*, Frankfurt a. M. 1958, S. 181.

(13) Roger Mehl, *De l'autorité des valeurs*, P. U. F. 1957, p. 200 参照。「法律主義、パリサイ主義、形式主義は道徳生活に習慣的に附帯している。これは価値が原則的に変わりつつあるものだということを証明している」。

(14) たぶん男にあっては支配および所有に対する衝動と強さの虚栄が自然なものであり、ここではそれがある意味で役に立っていると言えよう。

(15) George Gusdorf, *Traité de l'existence morale*, Paris 1949, p. 230.「強さの徳は誠実の徳と合致する。われわれはそれを第一に他人に負うているのであり、われわれはそれをわれわれ自身に負うているのである」。

第6章　教育者の人間学と心理学

教育者の人間学と心理学を論ずるにあたって、われわれはまずこの問題の用語法的な位置と、わけても体系的な位置を理解しておくために、まえもって二、三の一般的な問題にふれておかなければならない。私はこの講演を三つに分け、第一部で学問的な前提を、第二部で人間学的にみた教育者を、第三部で心理学的にみた教育者を述べてみたいと思う。(訳注)

I　方法論的考察

1　人間学とは、どのような意味連関が人間の世界を構成しているか、この意味連関の条件となっているものは何であるか、また、どのように人間が、一方ではこの意味連関を創造しつつ、他方では逆にそれから創造されながら、この意味連関を通じて再び自分を発見し直しているかを、「経験的」に確かめようとする学問である。

人間学は、思弁的に行なわれるのではなく現象学的に行なわれるという点で、経験的である。それは、人間の世界に対する人間の直接的な関係から出発する。このような直接的関係を、ひとは「経験」と呼んでいる。人間学は、この経験を扱うさい、原初的‐基本的な方法、したがって科学的‐専門的方法以前にある方法、ひとが「現象学的」と呼んでいる方法をとるのである。

2　「現象学」とは何か。私はここではある持定の現象学哲学から離れて、次のように言っておこう。それは人間の世界に対する人間の直接的関係を明らかにすることだと。このために、それは言語や言語による意味形成物を利用する。それは一連の加工段階を経て、普遍的‐概念的なるものへ進み――人間的な世界の内部で――人間の現存在が実際にそこに実現されている意味関係を究明するのである。

3　こうした思考の段階で、さまざまな科学が現われてくる。すなわち、生理学や心理学のように状況を失った科学、数学や物理学のように世界を失った科学（それは人間に経験されるような生活の「風景」という意味では世界をもたない。物理学は世界を理論的な仮説として操作的に理解している）、あるいは教育学や経済学、心理療法、政治学、法律学のように状況に向けられた科学が現われる。

心理学は、人間の心象風景の内部で行なわれるにもかかわらず、一般的なものから出発し、ただ何がそこで意味をもっているか、また実際にどのように現われているかを確めるだけで、具体的な状況からは離れたままである点、状況を失っている。心理学は、個々の状況を直そうとしてその状況に立ち入ることはしない。それは決断喪失であるために、状況喪失なのである。この意味で、心理学は「非実践的」であるということができ、——よく言われるように——それを「応用」する実践科学を必要とするのである。

4　このことはまた、実践科学が具体的な状況から一般的な諸科学を問題とすること、この一般的な諸科学のなかにある知識をまず視点ないし方法として、また具体的に規定さるべき素材として眺めること、非実践的な科学のなかでは「異質」であった知識内容を、所与の状況を解釈してゆくうえでそれがもつ意味と価値という点から探求してゆくことを意味している。教育学者の実践的な思考は、具体的状況から具体的状況に向かって進む。なぜなら、教育学者は具体的状況を直接的行為的に決定する立場にあるからである。したがって次のように言ってよい。教育学者は、世界に対する人間の特定の関係全体——「教育的状況」と言い表わされるような——を問いの出発点とし、そこから自分の目的に役立つものを取り入れる。すなわち、教育学は心理学を一つの視点として、一般的な知識素材の倉庫として「利用」し、また社会学や歴史学や生理学等も同じように利用するのである、と。

5　教育学固有の自律的な研究領域あるいは知識領域は、三つある。

（1）第一は、教育を可能にしているような人間の世界に対する人間の関係である。この意味で教育学は人間的な世界の形成の本質論である。こうした人間的世界の形成という視点からみれば、若い人間はいつもなんらかの一定の人間らしさに向かって導かれており、同時に自分の方からも協力して自分の人間性を良い意味にも悪い意味にも形成しつつある。ここでは、教育学は、人間学的理論的であり、また歴史的解釈学的である。ここで教育学は一般的な哲学的人間学や、価値論、形而上学、文化哲学、文化史等々との関係をもつことになる。したがってまた、これらのうちのどれかに逆に呑み込まれてしまうという不断の危険にさらされることにもなるのである。

（2）教育学は、第二の固有の自律的研究領域として、具体的な教育的状況の総合的経験的な規定因子の探究を行なおうとする。実践科学が実践的であるためには、具体的な課題の解明が必要である。したがって経験的な探求方法を無視した実践科学の成立は、本質的に不合理であり、はじめから不可能である。現に教育が行なわれている場所が教育学の原初的な経験領域と研究領域であるが、われわれはこの領域を、好みのままに「教育的心理学」と呼び、あるいはフランス流に「心理的教育学」と呼び、また「教育的社会学」、あるいは「社会的教育学」、さらに「家庭教育」、「環境教育」、「学校教育」、「教授学」等々と呼ぶことができよう。

そのさい、もう一つ注意されなければならないことは、実践的なものを目指してある状況を規定するということは、この状況のなかにともに踏みこんでゆこうとすることを前提しているということである。これは、若い人たちにとっては、彼らがじつに早くから、すでに古い世代のもつ課題の世界に移し植えられているということを意味しているし、こうした状況に参与している者（ともに構成している者）にとっては、反省的に観察しながらしかも自然な能力を失わぬようにすることのいかに難しいかを示している。

（3）さらに、第三の自律的な教育学研究の領域が注意されなければならない。教育学は、実現の学問である。それは一般的あるいは特殊的な前提を探ることによって具体的な行為に至る道を研究するだけではなく、実際に子供や、教育者や、教材に対して、実践的に行ぜられなければならない[1]。この行為への移行、問題の提起、行為の再検討が、まさに教育学研究の本質をなすものである。

この実現という課題には、教育計画、教育指導の領域が直接に結びついている。この課題と、家族や諸制度や環境の研究は円環をなし、われわれは再び第二と第一の領域に、実践と実践の人間学的な諸前提に、立ち還るのである。

II　教育者の人間学的な位置

1　次に教育者の問題に入るわけであるが、われわれはまず、人間存在の現象形態として教育者を見てみたいと思う。教育者は、単に若い人間の世話人であるだけではない。彼は生活を扶養し、保護するのみならず、また強制し、指導し、計画し、適合させる。彼は、たとえ彼が放任しあるいは抑圧することによって被教育者を徹底的に歪曲することができるにせよ、被教育者のなかに独自な姿をとるように定められているところの「精神」を作るものでもなければ、生命を作るものでもない。彼は被教育者を作らない――が、彼を破壊することはできる。彼は神が無から創るようには被教育者を創らない――が、被教育者が教育者なしで自らを創るように被教育者を創るのである。したがって私がここで教育者は「ともに創造する」仕事をなす人間であると言っても、誤解されることはないであろう。「創造的」とは、神のような意味で創造的であることではない。また「ともに」ということは、二重の仕方で、すなわち子供と結びつけて――子供とともに教育は遂行される――また神と結びつけて――教育者も被教育者も神とともに教育的な仕事を行なう――ことだと理解することができる。それは、何か新しいものがこの仕事から現われるがゆえに、「創造的」である。すなわち、そこから一つの新しい道徳的統一が、この子供が一つの新しい人格的な姿をとって、現われてくるからである。この人格的道徳的な姿は、一つの独自な歴史的発展のなかで創られる。この姿は、その若い人間の生活の歴史である。だが同時に、一部はこの教育者の歴史でもある。あとの事実は、被教育者の生活史が注意されてきたわりには、これまで例外的に、稀にしか注意されなかった。

2　われわれは、こうした初歩的な、なまの事実を人間学的な立場から吟味してゆく場合、要するに次のように自問する――いったいどのような人間的な存在形式が教育者の存在形式であるのだろうか。二、三の特徴はすでに明らかである。

(1) 教育者は、若い世代を大人になるように導く。したがって彼は世代と世代の間に立っている。

(2) 教育者にとっては、子供は男の子か女の子であっても、友人や愛人ではない。したがって彼はまた男性と女性の間に立っている。

(3) 教育者は、子供を潜在的な道徳的に固有な姿をもつものとみる。彼は子供が本来あるべきものに——すなわち道徳的人格に——自分を形成してゆくように援助する。したがって教育者は、さしあたり子供の「代理をする良心」として行動する。

(4) 教育者はまた、子供を肉体的 - 精神的な素質、傾向をもつものと考える。彼は、子供がその個性に向かって、自分で発達してゆくように助ける。教育者は、こうした精神と肉体の二重の面から、ともに創造的に協力してゆかなければならない。彼は無から創るのでも、無へと押し込むのでもない、被教育者の最も親密な局外者である。

(5) すべてのものは過ぎ去ってゆく。教育者は、単に異なった世代と性別の間に立っているだけではなく、また一時の代理的良心、最も親密な局外者であるだけではない。彼の仕事には終りがくる。もし終りがなければ、どうして子供は大人になることができよう。

(6) 子供が大きくなるのを助けるためには、指導的な人物が、人間の模範が、また精神的な伝達や負荷が、教材の事実価値や必要価値の取扱いが問題になる。しかし、すべては次のような保留のもとに――すなわち被教育者は自分で何ものかになるべきであるということ、彼は選択することを学び、協力することを学び、依存することを学ぶが、しかしまた拒否すること、闘争することをも学ぶということを認めたうえで――行なわれなければならない。この二つは、自己形成しつつある自主的な人格のなかで統一されるが、こうした統一は、ただ被教育者がその人生の初めにおいて安んじて依存的であり得る場合にのみ、可能なのである。したがって教育者は、他者の自己生成を承認し促進するために、譲歩し後退することができなければならない。それどころか、被教育者の自己生成を促進し、要求しなければならないのである。

この最後の点に、少し立ち入ってみよう。ここで、われわれの目に事物が入ってくる。事物はさしあたって実質的な要求を保証する。「事物」には、またごまかしのない事実的な特性、事物の状態が付属している。また事物に適合した行動が、現にある通りの隣人が、付属している。さらに、われわれがそれと折り合いをつけなければならないところの、また、存在しているものとに対する畏敬と承認をもって、われわれがそれに依拠して内的にも外的にも自分の闘いを導いてゆかなければならないところの、現実的なものの事物性がついている。

教育者は、ここに二重の代理人として立つのである。彼は子供に向かって事物を代表する。しかしまた、事物と世界に対して子供を代表する。こうして彼は教授学者であり、教師であり、子供と世界、子供と社会、子供と文化、子供と大人の中間者である。しかし彼は、それを自分自身のためにしているのではない。彼は改宗を説く説教者でも、宣伝家でも、ものを売りこもうとする商人でもない。彼は媒介者であり、時として代理人なのである。

3　だが、ここで問題が――つまり教育者は決して自分自身を主張することがないかどうかという問題が起こる。いかにも、教育者の自我はまったく抹殺さるべきものではない。教育者は、子供にとって、ただ単なる教師であってはならない。彼はまた、全き意味で父であり、母であり、隣人なのである。このことは、教育者というものが、ちょうど無を通過するかのように彼を通じて世界が子供に現われるような、特徴のない単なる媒体ではないということである。その逆である。教育者は一個の人格であり、教育的な役割においてもまた、人格であらねばならない。しかし、ここで教育者には、彼の自我と彼の課題の間に、自我が通用するところと自我が引き下がらなければならぬところとの間に、内的な緊張が起こるのである。教育者自身のなかに、いまや対立がもちあがってくる。なぜなら、彼の禁欲的な努力は、機械的に天から降ってくるわけではないし、彼の媒介性も、出来あいの本にあることを畏敬に満ちて耳を傾けている被教育者にただ引き渡すといった、単純なことではないからである。しかも、こうした緊張と自己闘争のなかで、じつは人間生活の偉大な見本が実現されるのである。

III　教育者の心理学

1　われわれは、いまやこの講演の第三部にきたわけであるが、ここで教育者の心理学が経験的に問われることになる。われわれは、すでにこの問いが意味をもつようになる一つの枠組みを示した。というのは、これとは違った問い方が――すなわち物理学的な模型にもとづいた、その意味が問うているものの現実から離れたところにあるような一つの問い方が――あるからである。今日では、主人の録音テープかレコードによって言葉を喋るような自動人形をまず作り、しかるのちにこの自動人形――アンドロイド的なもの――の心理を追っているような「アンドロイド心理学」が存在している。[2] だが、ここでは心理学一般についてこれ以上論じようとすることはやめ、特に教育者の心理学の問題を考えることに集中しなければならない。[3]

　しかし、アンドロイド的な模型の他にも、もう一つわれわれの課題とは無縁な考え方がある。それは一般性格学的、あるいは一般類型学的な視点から、教育者の類型を作り出す考え方である。われわれは、こうしたやり方を拒否しなければならない。というのは、教育者とは決して第一次的な性格ではなく、性格と職業の間の交互作用から生まれた第二次的な性格だからである。教育者は、医師や牧師や警官や船員のような、一つの習慣的性格である。したがってこの性格は、性格学的にはじめから記述することはできない。われわれは、このような状況にある人間の具体的な心理を理解するために、まず教育者一般を可能にする条件と、わけても教育者的な職業を可能にする条件を知っておかなければならない。

2　われわれは、この論究の第二部で、すでに教育者の人間学的立場についてみてきた。そこで今度は、ある特定の教育者の——すなわち教師の——職業的状況について、簡単にふれておかなければならない。

教師は以前は子供の「見張役」と見られていた。学校が制度化されてからは、教師の第一の課題は、学校という世界のなかに守られた子供に授業をすることである。しかし教師は、普通でない子供、すなおでない子供からも、彼ら自身の尊厳と自信と希望を奪うことのないような仕方で、それを行なわなければならない。

そのさい教師は、制度化された組織のなかで、一定の場所で、定った期間と時刻に、一定した教材と規準、およびそれに類する事物を用いて、働くのである。教師は、このような課題と環境のなかで、およそ四〇年の永きにわたって生き続けねばならないだけでなく、彼の職業とその職業に結びついた機能を実際に果たしてゆかなければならない。

彼はこの学校という制度化された世界のなかで、若者であり、成年であり、やがて老年とならなければならない。彼は教師として、また教育者として、そのために勉強し、まわりから見習い、古くなったことを学び直してゆかなければならない。そして彼は、この人間—教育者—教師の密接な結合において、生徒である子供に対して媒介者であると同時に隣人とならねばならず、この複雑な状況のなかで彼自身の生活と協調し、また職業と協調しつつ、彼の人格的な発達をなしとげなければならない。

思えばそれは途方もない課題である。われわれは、教師という職業から多くのひとが逃げ出すとき、あるいは彼らが単なる官吏としてこの学校という世界の制度的な格子のかげにかくれているだけの教師になり終わるのを見るとき、この課題の困難さを痛切に理解するのである。

3　そこで、どのような人間学的職業的な条件が教師のために必要であるかを総括してみると、き、教師が精神的に協調しなければならないところの課題の全体は、およそ次のように見える。

教師は、利己的でない献身を要求されている。教師は、最も親密な局外者として、ともに創造的であることができねばならない。教師は、媒介者として、大人と子供の間に、事物と事物に習熟していないものとの間に立つ。教師は、模範として飾るところがなく率直であり、代理人として彼が代理するものに対して透明であることが必要である。

このような課題は、超人的なものとも言える。したがって、教師が陥る第一の危険は、自分を過大評価することである。言いかえれば、未完成であることに耐える勇気を育てることができないことである。第二の危険は、世代の間に立つのではなく、世代のなかに立とうとすることであり、単に子供にとどまろうとしたり、単に大人であろうとすることである。第三の危険は、教師が子供に自分で成長するための時間をまったく残さないこと、そして性急に子供に責任を——道徳的にも性格的にも責任を負わせることである。これは最も深い意味において若い人たちを否認するものであり、道徳的性格的成長と教育をなおざりにするものである。あるいはまた、教師は子供の上にスタンプを――子供のなかにはなんら内的創造的な関心を呼び起こさないようなスタンプを押す。そして模範として教師が陥りやすい危険は、本当は自己中心的であり感傷的専制的な形で虚勢を張ること、代理人として犯す危険は、代理すべき人間の立場を略取専行することである。

こうして、人間学的な地平の上で、教育者の課題とともに、教育者の徳と不徳が明らかとなる。そして心理学的に、いまやある特定の教育者に即して、この徳あるいは不徳をどのように理解すべきかという問題が起こってくる。われわれは、また、公平無私という困難な負荷について、中間に立つということの成果について、中間者としての性質の明確さについて、それが所与の一つの性格のなかにどのように力を発揮しているか、どのような好ましい発達、あるいは好ましくない発達を出現させうるかを、心理学的に問うことができる。ここに、課題と協調してゆくことによって起こる第二次的な人格の形成が、教育者の心理学において大切な問題となるのである。

4 われわれがここでもう一度、この教育者を教師の制度的職業的な課題の世界と結びつけてみるならば、問題の形はもっと多様となる。

「授業する教育者」としての教師は、教育者の規範のもとに立っているだけでなく、学校の規範のもとにも立っている。簡単に言えば、子供に対する教師の第一の課題は、よい授業をすること。一方において制度や事物の秩序や社会と、他方において子供との間のよき媒介者、中間者であることがあげられなければならない。ここから教師の陥る危険も明らかである。それは、教師がよき授業を与えるために有能でないか、訓練されていないか、不承不承しているか、あるいはすぐそれに飽きるか、疲れることとである。教育的倦怠は、ある程度大目にみることのできる、しかしそのままにしておくことのできない一つの病気である。どんな教育者も、折にふれて一度はこれにかかる。しかし、それを慢性化させるものは、異常をあえて常態化するものである。そのような教師は、教職から去るべきである。また教師は、官僚化や、学識の自慢、事大主義への逃避等といった、心理学的に理解し得るところの、多様な、学校の状況に対する反動に冒される。だがそのさいもう一つ、特に注意されなければならないことは、確かに学校を否定する人は、教育的に最も有害となる可能性があるが、それにもまして、教育を言葉であるいは実際的な振舞いのなかで否定している人が、教育的に有害であるということである。学校のなかにも、家庭のなかにも、「両親」とか「本当に実践的な専門家」と自称するところの、その実、教育的状況からはできるだけ遠くにとどまっているか、あるいは威圧的な態度その他の誤った振舞いによって、教育的状況を初めから不可能にしているようなみせかけの人物や理論が横行している。しかも、いろいろな制度が、まさにこうしたものに官職と威厳を貸し与えているのである。

5　したがって、第一段階で教育者の役割と教師の性格的習慣的な協調が起こり、第二段階で、この同一の、しかしすでに実存的、教育学的に一定の態度に定着している人間がひき起こす職業的な適応性喪失の問題が起こるのである。

では、第一次的性格のうちのいかなる特性と表徴が、教師の養成にさいして、また教師の仕事のなかで、より多く呼び起こされ、発展させられ、綜合されるか。言い方を変えれば、教育者という役割と教師という職業のもつどの要素が、選択的に第一次的性格に影響を与えるのか。さらに、教育者の固有な生活史が、——たとえば彼が年をとるとか、子供がふえるとか、結婚がうまくゆくかゆかないとかといったことによって——教育者あるいは教師としての彼の挙動のなかにどのように心理学的に現われてくるか。こうした第一次的性格の第二次的性格像への転化は、調和的に行なわれるか摩擦的に行なわれるか。主要な自然的特徴は、根源的な性格の「留保」として保持されるだろうか。教育者や教師は、彼らの教育的課題に不誠実になったり、あるいはそれから圧迫されたりすることなく、さまざまな生活領域に対する彼ら自身の成長を豊かに展開することができるだろうか。

どのような第一次的性格の特性が、教育者あるいは教師の役割に対して好ましい下地をつくり、また逆に好ましからざる下地を作りだすか。そうした特性は、いかなる場合、またいかなるところで力を発揮するだろうか。その教師は、第一次的性格と第二次的性格の内面的な闘争を放棄するか、それとも早く、あるいはゆっくりと長い時間をかけて、一つの正しい綜合を作りあげるか。

もっとも、ひとはよく実践的な理由から、最も好ましいと思う答を、しばらく伏せておくことができる。その場合でも、このかくれた答は、教師という職業に対する自己陶酔と浪曼主義の一部となって現われているし、また、しばしば理念型的な像として、理論的、教育学的叙述の基底に置かれている。われわれは、ちょうどデューリンクがシュプランガーの価値類型学を応用して教師類型を作ったように、それぞれの個々の教師と教師の型を、三つの視点から観察することができる。

(1) 自分の個性と教育者あるいは教師の役割の間に強い葛藤を感じている不調和型。

(2) 両者を綜合によって解決している調和型。

(3) 同じく調和でも、「職業化」が第一次的性格を職業のもとで押しつぶしているような調和型。

デューリンク・シュプランガー的な美的倫理的な類型は、本質的に教職の類型とも、第一次的性格が教育者の課題と行なう協調とも関係がない。それでも、こうした一般的な動機連関は、教職の選択にさいしてはなお意味をもつものであり、われわれが第一次的性格と職業心理について何かまとめて扱う場合には、一連の視点をわれわれに与えてくれるであろう。

6　職業の選択にさいしては、だいたいにおいて第一次的性格が積極的あるいは否定的に働くことができる。もっとも選択は、しばしば軽率で偶然的な理由にもとづくことがある。だが偶然的に選択したものでも、職業的性格的な発達は、結局のところ調和的になされるか不調和になされるかであり、調和的発達の場合にも、職業化が積極的な解決となっているか消極的な解決であるかを区別することができる。したがって私は、偶然に選択する者も特別なグループとして扱わずに観察する。

私はそこで、第一次的性格が教職に対して好ましいか好ましくないか第二次的に自己規定してゆくときの動機類型を経験的に見出せる八つの部類に区別してみたい。

（1）教職は、楽な生計として選ばれる。教師にはたくさん休暇があり、あまり骨をおる必要もなく、くりかえして同じことをいっていればよい。

（2）教職は、安定したものとして選ばれる。ひとはそこにあらかじめ地図のできあがった道を発見する。給料は規則的に入る。のちにはかなりの年金がつく。なにも新しいものを試みる必要はない。教師はバルコニーから人生を眺めていることができる。社会的地位の不安はここにはない。

（3）教職は、世の中から一つの確実な尊敬を与えられる道として選ばれる。早く、しかも簡単に、教師はこうした信望を手に入れる。彼は職業上次のようにして自己の権利を主張するに違いない――「秩序が存在しなければならない」そして「私は尊敬されることを欲する」と。

（4）教職は、勉学のために、さらに進んだ勉強のために都合のよい場所を提供するものとして選ばれる。したがって、それはより高いところに至る単なる通り抜けのきく家となる。教職は、さしあたり暮しの手段として、またひとが学問的な能力のある証拠として選ばれるのである。

（5）教職は、おとなしい勤勉な子供に、学校で教師の振舞いにならって生きてきた自分を正当化し、永遠化する機会を与えるものとして選ばれる。

（6）教職の事情に明るいということ——あるいは教職に対する表面的な知識が、ひとを早くからこうした人生航路に立たせることになる。ひとは学校を卒業するとすぐまた学校へもどり、早く教職に職業的に適応することによって、人生の冒険を学校のなかでやり過ごすこともできるし、また本当に熟達した好ましい教師になることもできる。

（7）また、社会的な理想主義から、ひとは子供を手に入れるものは未来を支配すると考えて、教職を選ぶ。その場合、子供は世界を変革するという目的のための手段にされる可能性がある。この理想主義は、教育をきわめて強く社会的な要求として体験し、教育によって社会的な窮状と不正を匡正し、治療しようと考える。かつてのワンダーフォーゲル運動——青少年指導員——政治家——理想主義者は、そうして学校のなかに入ったのである。

（8）教職は、ひとが子供の世話と教育を本質的な人間形成の仕事として体験するか、あるいは予見することによって選ばれる。こうして、空想的な理想主義者も、現実的な理想主義者も、本質的な人間的な誠実さからこの職業を選ぶことができる。教職は、このようにして、女の場合はまさに母親的なるものに近づくことができ、また男の場合は父親的なるものを呼び起こす。両者とも、授業と教育を子供を助けるためにしようとするのであり、よき世界に奉仕するためにしようとするのである。

7 私はこうした八つの動機類型を、教職の選択に当たって分類してみたわけであるが、それとともに、われわれはこれらの動機が、一方で教育者の人間学的な根本条件とどのように折り合っているか、またこの動機に教師の職業的状況がどのように作用しているかを問わなければならない。たとえば安楽を好むものにとっては、世代の間に立つということはあまりにも気楽であるだろう。彼は局外者であることが好きである。しかし、同時に親密であることは好まない。彼ははじめから代理的良心でありたいとは思わないし、事物価値の伝達はあまりにも楽でなさすぎる。こうした一つの例をとってみても、動機連関と教育者の人間学的な基本規定を対決させることによって、いかに得るところが多いかは明らかである。

他方では、われわれは教師の動機連関と職業的状況との関係をみてみたいと思う。安楽を好むものは、いきおい最も安楽な立場を選び出さざるをえない。彼は速かに一つの確固たる教授過程を発見してしまわねばならぬ。彼は速やかにその生徒を秩序づけてしまわねばならず、厄介なものを取り除いてしまわねばならない、等々。こうした職業的態度を教育者の人間学的条件と結びつけてみるなら、われわれは次のように言うことができよう——そうしたやり方の教育からはなにも生まれない。それは、子供が適切な授業によって導かれているというよりは、むしろ学習を子供まかせにしておくものだと。

次の問題は、これらの教師にとって第一次的性格と職業問題との関係が、うまく調和的に解決されるかどうかということである。それが彼にとってうまくいっているときは、さらにその調和が良き調和か悪しき調和かという問題が残る。こうして、あらゆる動機像に対して、また総合的な人間学的職業的条件に対する関係において、すべてが経験的に検証されなければならないであろう。

8 教師の心理学は、それだけではまだ十分ではない。われわれはさらに、こうした異なった動機の形式をもつ教師が、学級や両親や同僚との相互作用のなかで、また共同体のなかで、どのように見られているかを知りたいと思う。そして最後に、われわれは失敗をもう一度根本的に研究し直すべきであろう。その場合、その教師自身としては失敗であっても、学校社会のなかでは、あるいは子供の生活のなかでは、積極的人格的な意味をもった教師のいることが明らかになるであろう。

私は、教育的な戦いの場にあるこれらの悲劇的な勇士たちに対し、ここで心からの敬意を表してこの講演を終わりたいと思う。

（1）行為を決定するさいの普遍的なるものと特殊的なるものとの関係については、すでにリットが一九二一年に *Kant Studien* (XXVI) の *Die Methodik des pädagogischen Denkens* 中でとりあげているが、彼はその後、たとえば *Die Unableitbarkeit der konkreten Situation* (W. B. W. 1929) や、一九四一年の *Das Allgemeine im Aufbau der geisteswissenschaftlichen Erkenntnis* (2. Aufl. 1959, Wolters, Groningen) のなかでこの問題を論じている。またウィルヘルム・フリットナーは *Das Selbstverständnis der Erziehungswissenschaft in der Gegenwart*, Heidelberg 1957 でそれを考察しているし、私も一九四二年に *Die Handlung und das Denken in der Erziehung und der Erziehungskunde*（のちに私の論文集 *Verkenning en Verdieping,* Muusses, Purmerend 1950, S. 228-241 に収録）で論究しておいた。

（2）エルザ・トリオレの *L'Âge de Nylon. III: L'Âme,* Gallimard, Paris 1963 というじつに興味ぶかい本を読まれるがよい。「メルツェルは一八〇八年に自分で一つの大きな機械を作ってパンハルモニコンと名づけているが、これは楽士の自動人形を結合したものであった。彼はまた、いくつかの言葉を明瞭に発音する喋る自動人形を一七七八年に作ったフォン・ケンペレンのあとをうけて、ものをいうアンドロイドの製造を試みている」(a. a. o., S. 50)。これは、この本のなかにある歴史的にまったく正確な小年代記から引用したものである。人造人間はすでに古典的古代にも現われている。一七六九年にはフォン・ケンペレン男爵がロボットの棋士を作ったが、これはまだ人間の助けがなければ将棋をして「遊ぶ」ことはできなかった。また読者は A. Ludwig, *Homunculi und Androiden,* Arch. f. d. Stud. d. neueren Sprachen u. Lit. Bd. 137-136 (1918-1919) をみられるがよい。教師に関するこの種のアンドロイド心理学が失敗であることは、Minnesota Teacher Attitude Inventory に対する否定的な経験的検証によって――V. Heikkinen, *Educational Attitudes of Teachers under Training and in the First In-service Year,* Suomalainen Tiedeakatemia, Helsinki 1962 が純粋に経験的に行なったように――明らかになっている。

（3）この問題については、私の *Verkenning en Verdieping,* Purmerend 1950 のなかの *Eeen Voorbereidend onderzoek naar de beroepskaraktereologie van de onderwijzer* および私の *The Psychology of Teachers and the Teaching Profession,* Year Book of Education 1963 参照。

（訳注）この講演は一九六四年に西ドイツのハンブルク大学で行なわれた。

第7章　豊かな社会の学校と教育

両親が子供の教育に無能力であったり、不熱心であったり、十分な機会をもたないということは、すでにわが子を食う神々の話とともに、古くからある痛ましい物語である。しかし、聖書の神がその子供たちを楽園から追放するのは、それとはまったく別の物語である。子供たちが独立と大人のしるしに達したとき、これまでの保護された自由の幸福な年月が終わるというこの物語は、われわれに二つのことを想起させる。すなわち、大人らしさは与えられるのではなく、かちとられたものであること、大人としての責任は、ひとがとるにせよとらぬにせよ、逃れることのできない人生の一つの現実であるということである。

それにしても、これまで両親は、進んだ社会的文化的生活が必要とするほど十分に子供を教育するだけの時間をもつことはまれであったし、また時間があったとしても、ごく少数の両親を除いて、子供の身のまわりの世話以上のことをすることはできなかった。一方、学校はヨーロッパのすべての国における大多数の人々にとっては、比較的新しい制度である。またわれわれは、初期の学校の機能がごく限られたものであったということも認識しておく必要がある。学校は、たとえば読み書きといった、文化的交流の基本的な手段の初歩的形態を教えた。しかも、それを短期間に、たいていはひどく下手に行なった。十九世紀の末から整備され始めた学校体系や二十世紀の前半に作られた大部分の法律は、この裂け目を埋めようとするものであり、またすでに存在している学校と協調し、あるいはそれを拡大しようとしているのである。(1)

いわゆる「教育史」は、たいてい制度の歴史と結合された理念の歴史であるが、ある理念が実際的な効力ある行動に移されたかどうか、この理念にどれほど多くの子供が影響され、その結果がどれほど良好であり、また良好でなかったかといったことが考察されずに放置されるときは、しばしば見当違いなものになる。いったい、昔は生まれた子供たちの寿命が何歳であったか。もしそれが十五歳だとすれば、合理的にみて何年を学校で過ごすことができ、またより広い意味での「教育」に費すことができたか。われわれは、社会統計学的な事実についての十分な知識もなく、社会史を正しくふまえることもなしに、教育史を研究することができるだろうか。われわれは、昔の教育過程や子供の現実、家庭生活の実態、両親の教育的活動について何を知っているであろうか。

学校体制の歴史は浅く、いまもなお断絶したところや不適切な点に満ちている。学校は、昔はただ少数の子供のための教育にしか役割を演じなかった。多くの学校がいかに強くかつ長い伝統をもとうとも、われわれはそれらが子供の世代の大部分と関係があったかのように考えてはならない。ヨーロッパの文化生活における学校教育の効果は、あとの時代の人々からみると大きなものであったかのような印象を与えるであろう。というのは、支配階級や教会のような制度によって、また階級社会の偉大な人物によって、学校教育の効果はじつに自明なものであるように見えるからであるが、その実、それは、舞台の上の役者には権力や権威や伝統の光が当たっても建物全体は暗がりのままで聴衆はまったくなんの役割も演じないものとされているような社会構造の総体によって、支えられたものだったのである。実際には、学校は限られた数の子供、それも主として男子に、ごく短い期間影響を与えただけであり、少数の私的な教師がいたとしても、この情景を変えるものではなかったのである。

過去一五〇年間における学校の発達と、その半分にも足らぬ期間における学校体制の発達は、社会生活のなかに根本的な変化が起こったしるしである。同時に、こうした学校の発達が、今日もなおヨーロッパのなかで進行しているゆるやかな連続的革命の下地を作っている。また、いわゆる発展途上国といわれるところの、未だに静的な諸条件のもとに生活が行なわれ、学校の果たす役割は小さく、教育も生存と伝統という考えに立って大人の生活の型をつくり出す直接的な訓練を意味しているような諸国では、学校はさらに西洋または西洋化された思考や生活に導くための門の役割をしている。学校はますます外の生活とは違った、それどころかまったく違っている生活形式になってきた。近代産業社会は、一日の大部分とエネルギーの大部分を

「労働」という目的のために使うよう人間を激励し、ときには強制するところの学校がなかったら、はたして存続することができ、また技術的にも人間的にも進歩してゆくことができるだろうか。われわれは、ひとが楽園を出たとき何が起こったかを想い出すことができよう。ひとは今後は生きてゆくために労働しなければならなかった。そしてわれわれはこの労働のために、人間のエネルギーを増強してきた。労働は、もはや昔のように、奴隷や、女や、その他働く必要がないほど強力なものに対して身を守ることができなかった従属的な人々の課題ではない。それどころか、いまではわれわれは、いわば重荷を負わされていた獣が重荷を取り去られたとき何が起こるかを経験しつつあるのである。

　われわれは、まず最初は人々を必要な労働に参加させるよう、またスピードと製品の信頼性をたかめ、質のよい生産を行なう必要にこたえるよう助成し、訓練した。次にわれわれは、これを外からの強制によってではなく、内からの自発的な衝迫によるものへと変形させようと試みた。すなわち、ひとは労働しようと欲しなければならず、またよい労働をしようと望むようにならなければならない。そして世界のある部分においては、われわれは第三の段階にきているように思われる。そこでは、労働よりも閑暇がいっそう大きな問題となっている。労働はかつては閑暇の前提であった。しかし「有閑階級」とは、純粋な時間の浪費者であるか、あるいは自由に彼らを楽しますような方法で、われわれが「労働」という言葉で呼ぶことのできないようなものに没頭している人たちのことである。なぜなら、人類の大多数にとっては、いまだに労働という言葉には自由の欠乏と快楽の欠乏の意味がきわめて強いからである。

労働のほかに、閑暇と対立関係にあるのが学校である。学校は多くの場合、自由の欠乏、創意の発達の欠乏、興味に従う機会の欠乏を意味している。学校に、なかでも中等学校に、十分な自由があるかのごとく夢想するのは正しくない。私はオランダとフランスにおける十六―十七歳の少年たちについて、彼らが週何時間を学校で過ごし、また宿題のために使っているかを調べたことがある。それは週五五時間から六〇時間の間であった。学校への往復や食事などの時間を加えると、週七八時間にはなる。残りは睡眠かそうしたことに当てられるはずである。この計算には日曜と、土曜は入っていない。しかし、大部分の子供は、この日も宿題をしなければならず、彼らの全体の勉強時間は週六〇時間には達するのである。いったい閑暇は彼らにとってなんの意味があるだろう。こうした事実を無視して、学校のなかに申し分なく保護されている若者たちについて空想することのなんとおめでたいことか。

ジョン・スチュワート・ミルが、ウィルヘルム・フォン・フンボルトのただ自由で人格的な衝迫から生まれる仕事のみが人間の尊厳と両立するという言葉に賛意を表しながら『自由論』[2]を書き始めているのは、われわれにはちょっと矛盾してきこえる。というのは、フンボルトは、決断の自由とか労働に対する人格的衝迫の余地はほとんどなく、また誰でもティトゥス・リヴィウスやクセノフォンを楽しむものだと見なしているような、最も厳格な古典主義文法学校の父だからである。

われわれの学校の大部分、および学校についてのわれわれの観念の大部分は、確かに社会的な生活条件が今日とは大変違っていた時代に、子供に関する理解がまだ始まったばかりであり、教育の目的も今日あるべきものとはまったく異なっていた時代に、できたものである。平均寿命が七十四歳であるような生活には、教育のための時間が十分あるが、十九世紀の半ばには、ひとはいまの半分の時間しかもてなかった。しかしまた、第一次大戦の末以来起こった思春期の早まりは、逆の傾向を生み出している。つまり、若者は以前よりも早くから次の世代に対する責任を、婦人に対しては出産の時期について、また子供や弱い者や保護されていない者の世話について、大人としての責任をとり始めなければならなくなっている。

ボルクは、すでに一九二七年に、当時の母と娘の世代の間に十四か月半の思春期の早まりがあることを発見しているが、それ以来、西欧世界のいたるところから、引き続いてたくさんの出版物がこの早期化の普遍的なものであることを報告している。われわれの今日の社会では、学生にある種の給料を与えるということが――彼の研究に対してというよりは、彼がまだ学生であるために――大多数の人々にとって教育される期間が延びたことと思春期が早まったこととの間のそれ以外には解きようのないような葛藤に対する一つの最も適切な解決となっている。

他にもこみ入った事情があるが、私はそのうちの一つだけを注意してみよう。人口過剰(3)かそれに類する世界では、結婚年齢はますます早まりつつあり、したがって、われわれは恒常的にますますたくさんの子供をもつことになろう。その結果、教師の不足はもっと深刻になるだろうし、今日でもけっこうよくない教師対生徒の比率も、おそらくいっそう悪化するであろう。われわれは、ますます多くを教育と未だ働いていない世代のために費さねばならず、教師や青少年指導員や児童福祉員等として教育にたずさわる人を集めるために、大規模な宣伝をしなければならない。

豊かな社会においては、こうしたことのためにわれわれが金を支出できることを私は疑わない。しかしまた、それは「教育」がますます大人の生徒に、すなわちすでに子供をもち、その子供を自分で教育しているかもしれないような大人の生徒に働きかける活動になりつつあるということでもあるのである。こうした大人の生徒に対して、これまでのような教師と教授法をもった教室の観念は、適切であろうか。たぶんそうではあるまい。われわれは、いまやっているような仕方で学科を選び、学年に従って配分することができるだろうか。まず無理であろう。また、学校教育において、生徒を異なった能力系列に早期に選別することについては、問題ないであろうか。われわれは、難しい学科でも、少しよけいに時間をかけるかゆっくりしたペースでやりさえすれば、十分よく学ぶことのできるたくさんの人々を見出すであろう。

現在、オランダでは、グラマースクールの生徒に対して、母国語を含む六か国語を一時に教えている。もしわれわれがそれ以上よいものを考えることができないとすれば、われわれは年とった生徒にもそれで満足することができるだろう。もっと集中的な授業を必要とする素質に恵まれた子供は、若い大人が二十二歳で達するようなことを十八歳でやり終えることができるかもしれない。社会はこうした若い大人を傭い、また閑暇が彼らを向上した知的芸術的活動に没頭させるかもしれない。われわれは芸術のための、手工のための、よきスポーツ教育のための時間をもち、社会教育や、文化活動や、実験的授業のための時間をもっている。しかし他方では、若者は以前より早く一人になり始めており、福祉国家が子供を毒し始め、労働は半端な仕事になり、学校は生活が安易になってゆく世界のなかで等しく軟弱になる危険にある。あるいは学校は、そこでの労働が魅力あるものとして行なわれるのではなく、いぜんとして重苦しい義務であるような唯一の場所であろうとしている。

今日のわれわれの社会における学校の機能は、多くの国々における学校の機能とはまったく違っているようにみえる。われわれの学校、少なくともいくらかの国々におけるある種の学校は、確かに生徒がそこで子供であり大人とならねばならぬような世界からますます疎外されてゆくということに悩まされているといえよう。しかしこのことは、われわれが現在の社会のなかで強力なものに従うべきだというようなことを意味するものではない。たとえば、われわれは物の世界における物質的な繁栄という理想だけに導かれるべきであろうか。われわれは、われわれが何でも「作る」ことができると考えているような世界のなかで生きている。われわれは、じきに人間の心も「既製服的」に作るであろう。あらゆるものが作られ、あらゆるものが組織され、人々はそれを享楽するように教えられる。われわれは、あらゆるものを、あらゆる人に合うように作ることができるし、あらゆる人があらゆるものを見、聴き、味わうであろう。

それは映画館のクローズアップであり、家庭におけるテレビのスクリーンであり、居間や台所にもきこえる偉い人の声であり、高価な皮の代りのプラスチックのハンドバッグであり、政治的商業的宣伝によってかきたてられた欲望の満足である。しかし、これは一つの価値判断の問題である。われわれは、価値判断をもたぬをよしとするような今日の一種の哲学には加担しない。ポパー教授は『開かれた社会とその敵』[4]のなかで、この種の判断は意味がないことを強調して「ただスキャンダル記者だけが人々と人々の行動を裁くことに興味をもつ」といっているが、これとても人々と人々の行動を裁いている一つの価値判断なのである。

文化人類学や歴史の研究から、われわれはわれわれの生活が絶対的なものでないことを十分教えられ始めている。数世紀まえに、われわれは天文学者によって、すべてのものの中心であることをやめさせられた。ルネサンスは、キリスト教世界だけを独自なものとみる考えに終止符を打った。そしてわれわれは古典的なもの、すなわちキリスト教以前の、またキリスト教以外の諸観念をある型の学校のなかに取り入れ、キリスト教の諸観念が決して学校のなかでもったことのないような場所を与えた。ヘブライ語やアラム語や新約聖書の言葉よりも、シーザーのラテン語——彼は神のためにものを書いた作家ではなかった——やクセノフォンのギリシャ語が優位を占めた。十六世紀におけるオランダの「ラテン語学校」は、本来ただ一つの教科すなわちラテン語を教えた。そして彼らはそれを確かにキリスト教徒のする仕事だと思っていた。彼らは九七パーセントの時間をラテン語に注ぎ、残りの二パーセントをギリシャ語に、一パーセントを世界の他のことにあてたのである。今日のグラマースクールではいまだに三〇パーセントの時間がラテン語とギリシャ語に使われているが、七〇パーセントの時間がかつて一パーセントの時間でなされたもののために用いられている。以前は悪しき世界のなかにおける聖なる場所であったもの、学者や教養人がそこに現実の世界の誘惑と脅威に対する保護を見出し、そこで偉大な夢が夢みられ、偉大な財宝が保存されてきた聖なる場所であったものの番人たちは、いまでは「この世のよきもののなかのもっともよきもののためにあるすべて」を味わっている。これは次第に学者が象牙の塔を出て世俗化し、それぞれの分野の技術家となって、彼らの機械が作り出すものに――コカコーラや写真や自動車、標準化されたテスト、ペーパー・バックの本、アスピリン、避妊薬、グラモフォンレコード等々――に関心をもち始めたことを意味する。人間は、一つの違いを除いて、再びかつての創造の中心に立ち帰るかのようである。かつて人間は神の作曲の演奏者として、世界の中心にあった。しかしいまや、彼は単なる演奏者であるのではなく、同時に作曲者でもある。宇宙は人間化されている。われわれは、人間と世界の創造主との対話が、人間と人間がまだ支配していない諸力、自然や社会や老年や死や病気との対話に転化したのをみる。おそらく苦悩も心理療法と薬品によって快適に行なわれる短期間の自殺で始末がつけられるのである。注意すべきことに、こうしたことはみな知識階級がしばしば彼らの社会的地位が悪化しつつあると感じているような時期に起こっているのである。

最近の歴史から、われわれは児童期と成年期の間の関係を、学校教育との関連において再検討するよう迫られている。ほぼ十八世紀の中頃、ルソーの時代に、また彼の『エミール』のなかに、教育は十六歳になってはじめて価値をもち始めるという考えが現われている。これは平均寿命がまだ短く、大人になるのが手間どることの許されなかった頃だけに、いっそう注目すべきことである。それにもかかわらず、子供と大人の中間の世代は、それ自体として教育の目標になり始めた。もちろん、この年齢はすでに市民として十分な責任のある生活をする時期であり、あるいは学問的な職業のための特殊な訓練がされる時期であるという古い観念は、いぜんとして長い間残った。しかしわれわれは、ある点において、教育を受ける年齢あるいは成年として扱われる時期が、他の理由にもまして学校教育の制度化によって決定されてきたということに注意する必要がある。フィリップ・アリエスの『子供の誕生』[5]によれば、十七世紀の後半に十一歳で学校を出てフランス海軍に入った子供は、十三歳で下級士官になった。しかし「十七世紀におけるアカデミーの創設と、ことに十八世紀における士官学校の創設以来、十二歳で兵営生活を送る兵士の数は年々減少した。十九世紀になると、高等学院、大学がいっそう教育の期間を拡大した」。同様にハウスデンの『児童虐待の禁止』を読んだひとは、その資料からわれわれが本当に児童期というものをまだ発見し始めたばかりのところだという結論に至るだろう。もちろん組織的な児童心理学はプライエルの『子供の心』か、それより少し早いベルナルド・ペレスの『児童の心理』をもって始まったといえるかもしれない。青年心理学も、ほぼ同じ頃に始まる。しかし、それが重大なものとなり始めるのは、みな二〇世紀に入ってからである。そして驚くべきことには、少女の発達の心理学については、われわれはまだほとんどなにも知っていない。われわれの心理学は、発達心理学でさえも、多少とも男子にも女子にも共通な過程を考察しているか、さもなければ端的に「二つの性」を忘れているのである。男子と女子は発達の終極においてまったく異なったものであるが、われわれは男子と女子の差異心理学に関しては初歩的段階を出ていない。もちろん、女子が中等学校に入学するのをみとめられたのは、九〇年前である。だが、女性の独自の存在が発見されるのは、多くのヨーロッパの国々ではきわめて遅く、かつ緩慢で、不完全であることが、マルセロ・ペレッチの『女子の人格と女子教育の問題』(6)からもわかるであろう。

学校に関するわれわれの観念は、しかしながら、児童心理学の実際の開始よりもさらにさかのぼるものである。学校の理念は、もし改訂されてきたとしても、ヨーロッパのたいていの国では、少なくとも他の事柄より五〇年遅れた見方のなかで改訂されてきた。子供に対するわれわれの見方は、中等学校に関するかぎり、青年の心の現実や発達に合わされるよりは、大学に——多くの点で中世的ルネッサンス的起源を恥知らずの素朴さと誇りをもって示している組織に——合わされている。もし成年期が十一歳やそこらでどうしても始まるべきだというなら、われわれは、それがわれわれのそうありたいと希っている一種の成年期であるということを確認しておかなければならない。しかしまた、もしわれわれが十八世紀の中頃より「中間」の世代が生まれてきたという事実を見つめ、この中間の世代が一八九六年頃から(7)彼ら自身の明白な感情を発達させてきたということに注意するならば、また二つの破局的な戦争と多数の事件によって伝統の連続が破壊されたということを知るならば、われわれはこうした事実を考慮して、学校が、あるいは一般に教育が、若い人たちに対して何をしなければならないか、またいつ人々は成年にならなければならないかを、もう一度考え直さなければならないであろう。

人間が変化する動物であるというのは、なにも新しいことではない。それにもかかわらず、どうしてわれわれはこの自明な真理からかくも遅く、かくも少なく、あるいはまったくなにひとつとして教育的な結論を引き出さないのであろうか。一種の特殊な非同調主義的独立が、スタンレイ・ホール以来記述されてきたような青年心理学の形において、またもっと最近ではテディボーイズとかレザズ、デキシーズ（スウェーデン）、ボジズ・ウィジズ（オーストラリア）、ハルプシュタルケン（ドイツ）、ノーゼムス（オランダ）、ホリガンス（ロシア）、ガンベルロス（スペイン）、ダックテールズ（南アフリカ）などの生活様式であるボヘミヤニズムの形において、一般に子供と大人の境界的な中間形態をとって現われているのは、われわれに何を意味するだろうか。われわれは、グラマースクールにはそうしたものはたくさんいないといってすますことができるだろうか。あるいは、彼らといえども、首を縛られている人間が耳に手をやる暇がないというだけのことだろうか。そう言って悪いなら、彼らはいつも忙しくされ、統制されているというのとどこが違うだろうか。われわれがこれからもずっと学校をもち続けてゆくとすれば、学校は近々二、三〇年前に比べてさえまったく違ったことを意味しなければならず、同様に「教師」の役割も、「授業」の主題も、目的も、違ったものを意味しなければならない。生徒や教師や学校に対する観念は、われわれが所属する時代と場所における発達についての先入見と深く結びついている。これは特に発展途上国において明らかである。われわれは、そこでは西洋的な生活様式や人間性の見方に引き入れるための門を作りつつある。こうした学校は、確かに第一にこれらの国々の国家目的に奉仕しているのであるが、子供が読書算を学ばねばならぬとか、世界の他の部分について少し知らねばならぬとか、家庭の衛生を改良しなければならぬといった考えは、みな外から取り入れられているのである。しかし、こうした考えは、ヨーロッパの学校にとっても、これまで学校出席が強制されなかったことと、まだ教育体制が発達し始めたところだというかぎりにおいては、新しいものであった。いまでは学校が、特に「中等」レベルの学校が、主要な教育的機能をもってきている。――これは少なくとも学校が、主として学術的な授業と、いくらかのスポーツと、少しばかりの社会生活によって、その教育的機能を達成できるかどうか疑わしいものにする。それは学校教育と家庭教育の関係が変化しつつあることと、両者のもっと親密な相互作用が次第に望ましいものになっているということを意味している。

そこで、もう一度話を学校にもどして中等学校における教師の役割について一つだけふれておこう。中等教育の拡大とともに、学問に関心をもっている教師や大学予科的な学術的訓練をしようとする教師は――教育の見地から――周辺的な機能しかもたぬ人間になってきており、学問的な素質に恵まれた子供は放置される危険が出ている。そのとき、この社会は、しばしばエリート──映画やスポーツや商業的政治的宣伝からは離れた選良──のないデモクラシーへと発展してゆく危険がある。(8)

才能のあるものに対する社会的な障碍が低められ、あるいは取り除かれて、子供が自分の能力にあった教育を受けられるようにするというのは、きわめて重要なことである。米国の大学入試委員会が、高校あるいは大学をやめてゆく才能ある、あるいは高度に才能ある学生の数を調べたとき、スタウファー教授はかくも多くの有能な若者──毎年一二五、〇〇〇人──が「走路の悪い方に生まれたためとこの問題と取り組むなんの力も構想ももたない学校に入ったために」(9)大学を去るのは、この国にとって「不名誉」なことだと言った。平均以上のものに対する教育的機会の配慮がいかに正当なものであるにせよ、それだけではエリートの問題は解けない。例外的な男女のエリート、理解力と賢さにおいて例外的なもの、冒険と自己犠牲と献身において例外的なもの、思弁的思考において、芸術において、創造力や生産力において例外的なものがいる。われわれは、こうしたエリートをただもの珍しさから欲するのではない。われわれは、少なくとも二つのきわめて現実的な目的から、エリートを必要とするのである。なによりもまず第一に、われわれは今日の問題を解決したいと思っている。そのためには、最もよくなしうるものがこの戦闘の中心の最も近くにいなければならず、少ししかすることのできないものは二次的な位置にさがらねばならない。これはじつに簡単なことのようであるが、しかし、われわれが能力にもとづいて選ばれた集団を要求しているということを意味している。その場合、われわれは第一に能力あるものを発見する方法を必要とし、第二に彼らの能力を向上させる教育を発見し、第三に彼らの選抜の基準をはっきりと描き出さなければならない。

しかしまだほかにも、われわれがエリートを必要とする理由がある。われわれが生存のために努力しているというのは真実である。しかし生きるということは、人生がわれわれの指導的価値とでも呼ぶべきところのものにてらして望ましいものである場合にのみ、条件的に価値をもつのである。われわれは、どんな状態のもとでもよいから生きたいと欲するわけではない。指導的価値は、人生を価値あるものにするような人間とむすびついている。われわれは、いま、こうした指導価値となりうるような善きものを作り出すために、すなわち、人間的な努力や献身や達成の偉大さ、人間の創造性、感受性、生産性の偉大さをつくり出すために、エリートを必要とするのである。

また、真のエリートは、こうした指導価値を理解するいわば受容的エリートと呼ぶべきものを生み出すことによって、いつも自分のまわりに豊かな土壌を作り出すがゆえに、われわれはエリートを必要とする。この例外者の自己増殖、あらゆる分野における芸術の積極的聴衆の創造、思索的なる者の激励は、偏屈な人間を増やすこととは同じでない。それは反対に、人間がその上で生きる真の土壌を作り出すのである。

教育は――アメリカの提督リコーバーの興味ぶかい本『教育と自由』[10]から引用すると――

「民主社会の教育はただ単に民主的であるだけでなく、同時に教育でなければならない」。しかしこれは――ポパー教授が好むにせよ好まぬにせよ――われわれが実際にたくさんの価値判断を行なうことを意味している。いったいわれわれはいかなる見地から創造性が促進されたのを見、また受容的エリートが教育されたのを見ようとするのか。これは明らかにわれわれが人間の能力のうちの何を最高のものと考えるか、また今日の問題を解くためにわれわれが何を一番必要としているかということに依存している。われわれは、伝統的な特権によって選ばれるような閉ざされた特権的集団を作り出そうとは思わない。われわれが「選抜」とか「能力」について語る場合、われわれはどこか「腐敗」の意味をもつような選抜を取り除こうと試みているのである。

リコーバーは、アメリカの学校は「全国民に対する単一の学校」であることによって閉鎖的な特権的集団をつくり出さないように努力してきた結果、遅いものも速いものもいっしょに行進することができるよう水準を引き下げ、才能あるものの足を切って膝でいざらねばならなくしたと言う[11]。しかし、私はアメリカの公立学校に腹を立てる今日の流行には加わりたくない。私も、それがよりよいものでありえたことを認める。だが私は、多くのアメリカ人が考えているようには、それが世界の最良のものであるとは思わない。私はまた、アメリカは彼らの学校が世界の他の国にとって模範でありうると信ずることによって、彼らの高等教育の形をなんらの本質的変更もせずに多くの発展途上国或いは非西欧的諸国のなかにもちこもうとしている点で、少なくとも他の西欧諸国と同じように誤っていたと思う。しかし私には、アメリカの教育を激しく攻撃する人たちが望んでいるエリートの養成が、ただの校長や教員養成大学を目の仇にして文化の名において鞭打つことで作り出せるとは考えられない。アーサー・ベストーやモーティマ・スミスは、新しい最高の表現の生産に貢献する立派な本を書いている。しかし、それはアメリカの言語を助けるかもしれないが、アメリカの文化を助けるかどうか疑問である。同様にジャック・バーザンのような優れた精神の持ち主も、彼がアメリカ人に彼らの学校がいかに悪いかを語るときには、一つの場所を誤った抒情詩になっている。もっとも、これらの人々がしばしば教育に対するひどい偏見とある種の責めらるべき無知のなかにいるにせよ、彼らは他のいくつかの点においては正しいのである。その一つは、国家はエリートを必要とするということである。しかし自然の能力にしたがって区別するのは非民主的とは言えまい。こうした自然の能力は誰もが要求することのできないものであり、またよい家庭から来た子供に限られてはいないのである」[12]。この「能力」という言葉とともに、またさらには、「自然の能力」という言葉とともに、われわれは選抜の根本問題に触れるのである。われわれはこれまでいかなる標準によって選抜してきたか、またいかなる標準によってこれから選抜しようとするのか。この問題はまた、われわれが人間の何を最高に評価するかという全哲学にかかわるものであり、その最高のものが教育によってどのように実現されるか、その基準はどのように発達させられ、人間の諸能力がこの基準にてらして――もし能力がまったくテストによって測定されるものとすれば――どのように測定されるかという全理論に及ぶものである。だが、テストに関して言うならば、知能テストが流行になって以来、「能力」という言葉は実際的な意味においてますます狭いものになってきたし、人工衛星競争が始まってからはまたまたいっそう狭い意味のものになってしまった。能力は、まず初めは「知的能力」の意味を――テストが「知能」をテストするかぎりにおいて――もった。そして人工衛星以後では、「能力の開発」といった表現は、端的に「物理学あるいは応用数学における能力」を意味しているといってよい。しかし、「能力」にはもっと具合の悪いことがある。私はその例をフィリップ・ヴァーノンの本からとってみよう。彼は言う――「能力の定義は相互に高度に相関した業績の一群あるいは範疇の存在、また相対的に他の業績から区別された（低い相関をもった）業績の一群あるいは範疇の存在を意味する」[13]。彼は能力を業績によって定義する。かくて人間は食べる能力をもつ――なぜならわれわれは彼が林檎やパンや肉などを食うという相互に高度に相関した業績をみるから。またひとは融かす能力をもつ――なぜならわれわれは脂肪や錫や瀝青などを融かすという業績をみるから。これではヴァーノンの定義は絶望的なものになる。あるひとがある特殊なテストにさいしてよい点をあげたとき何が起こるかを、彼自身の公式にあてはめてみるとどうなるだろうか。彼は「ある特殊なテストにさいして特殊な能力によって[14]」よくなすであろう。しかし、「能力」はわれわれがみたように「業績」によって定義される。したがって、これについてヴァーノン教授が実際に言っていることは、「ある個々の業績は、他の業績と高度に相関しまた他の業績から区別されるところのさまざまな業績の存在によって、そのようにあるところのものである」ということになる。

これでは私の見るかぎりあまり意味がない[15]。それは、人間の能力の問題を取り扱う一つの方法の指示以上に、なにも意味しないであろう。われわれは、これまであまりにも実践的でありすぎたため、まだ問題であるものをあたかも実在しているかのごとく想定して、そこからすべてを逆に説明するということをしてきた。「人間の能力」に関する多くの本のなかに、テスト知能のこと以外なにひとつ発見できないのは特徴的である。能力の心理学にひるんだ者は、自分の心をこれまた「業績」という言葉に密着した不可解な行動主義の秘教に売り渡した。しかしロバックがすでに一九二七年に『性格心理学』のなかで、行動主義もまた人間の行動に関して同じような倒錯に陥っていることを証明したのではなかったか[16]。

今日われわれは、知能テストが役立つにせよ疑わしいにせよ、知能というものに関心をもっている。そしてわれわれは、人々をその祖先のためにではなく、彼ら自身のために選抜する方法を探している。とはいえ、われわれは人間の行動に適用された物理学的対象化を受け入れることはできないし、人間の能力をあるテストの成否に還元することはできない。われわれは、ある種のテストによる選抜とか、かかるテストや学校での成績によって測定されるような知能がすべての選抜の基準であるというような想定の上に立つのではなく、非科学的ではあるが、もっと広い基盤の上に立って、人間と人間のなかにわれわれが育てようとしているものについて考えなければならないのである。

真のジェントルマンは学者であってはならないというのが、これまでジェントルマンの識別標となってきた。ブラウワーは『ジェントルマンの教育』[17]のなかで、ジェントルマンはよく教育されていなければならないことを告げているが、しかし知的であるべきだと考えられていたかどうかについては、つけ加えるのを忘れている。十八世紀のジェントルマンの理想に関する彼の記述のなかでは、学識が消極的な意味をもっていることは明らかである。学識はひとを「衒学的で臆病」にするし、両義性や現実から離れた書物中心主義や野暮な振舞いといったイメージがそれに結びついている。

今日でもエリートの観念は、あまりにも排他的にある社会階級か、ただ一つの特殊な社会階級に結びつけられている。ソフィストとソクラテスの時代にも同じ問題が、すなわち機械的な社会的勢力の産物であるような人間の代りにいかにしてエリートを作り出すかという問題が起こった。なぜなら、いかなるデモクラシーもエリートなしには存続することができないからである。

しかし、エリートの観念は、既存の社会階級から区別されなければならないだけではなく、ヒトラーのもとでの親衛隊のような政治的な支配集団と同じものとみるような考えからも別でなければならない。[18]真のエリートは、共同体の生活に積極的な貢献をしている人々のいかなる社会集団のなかにも見出すことができるであろう。というのは、エリートは個々の特殊な集団に属するものであり、その行動の効果や指導力は、まず第一に彼が属する特殊な集団のなかで感ぜられるからであり、しかもエリートは自分の集団に束縛されず、共同体の全体の上に好ましい衝撃を与えるものだからである。

このようなエリートの創造を助けるためには、われわれは生徒の知能とか成績表の席次から離れて、その人間の能力をみることが必要である。しかしその場合、学校および若い人たちの生活には、一般にいまの世界の大部分の学校が実際に提供しているものよりははるかに多くの点において、人格を発達させるための豊かな機会が含まれなければならない。たくさんの知識を確保することよりも、人間の名に値するような生活をすることを学ぶ方が今日でははるかに重要なものになりつつある。事実を知らぬのは責めらるべきことであり、ある思考の方法に無能であるのは大きな欠点である。しかし、事実や生き方になんの関心も示さないような人間の野蛮さや傲慢な態度は、さらにいっそう悪いのである。自分と同じ意見のものとしか生きられぬような人間、相違を楽しむことができず——かつてあるアフリカの部族民が私に言ったように——手の指はいっしょに働くためには異なっていなければならないということを理解できないような人間は、たとえ知識のある人間でありえても、正しく人間的と呼ぶことのできるような共同体の一員ではないのである。

もしわれわれが個々の人間と結びつけて教育をみるならば、教育はじつに創造的で魅惑的な活動であり仕事である。しかしそのとき、学校は知的に優れたもののためだけにあることをやめ、また一般的基礎的な知識の伝達や初歩的技術の生産のためだけにあることをやめるであろう。それは人類創造の一部、あるいは、同語反復的な語句をしばらく用いるとすれば、文化的な人類創造の一部となる。そのさい、家庭や学校やクラブや仕事場は、それぞれ独自な機能を果たすべきであり、教育者の仕事は、創造的な仕事をする芸術家の制作とよく似たものになり始める。彼らの多くは、目立たぬ仕事をなすであろう。しかし、このような地味な仕事をよくなすということは、この仕事がより多くのものを生み出すための基本となるものであるがゆえに、人間に求められている最も偉大なことなのである。学校はしばしば試験という観念に強く縛られている。これはオランダやフランスのような国では確かに真実である。私がそうした学校の在り方は間違っていると言うとき、それは学校をもっと軟弱なものにすることを意味するものではない。これは一つの型だけを作り出すのに役立つのではなく、もっと人間存在をその莫大な能力のバラエティに従って形成するのに役立つような形成的な機能に注目しなければならないということなのである。

非西欧的諸国における西洋化された学校についてみられたように、学校は一つの生活様式を教えることができよう。しかし、それは第一に、自ら何ものかになろうとしているところの一個の人格のための生活様式でなければならない――その場合、彼が靴屋になるか科学者になるかは、それほど大切なことではないのである。

学校は知識の伝達の体制から、本質的に全国民的な規模における、否、全世界的な尺度における人類創造の機関へと発展してきた。

私は、自分は教育などするには上等すぎると考えているような人々のいることを知っている。だが私は、教育を十分よく行なうことのできるような立派な人は少ないということも知っている。私自身はただ、この魅惑的な大きな課題を、われわれが全き謙虚さをもって、われわれの心と力のすべてをつくして献身しなければならない義務だと考えている。

最後に、私がこれまで述べようとしてきたことを簡単にまとめておきたい。

（1）両親は子供が必要とする教育の一部を行なっているだけであり、また教育のために使える期間が延びたのにもかかわらず、学校はわれわれの時代の要求に答えるにはあまりにも少ししか変わっていない。

（2）学校体制は若く、また静的である。子供や学校や授業に対する考え方は、だいたいにおいてそうしたことがあまり注意されず、子供についても学校や授業についても比較的わずかしか理解されていなかった時代にさかのぼるものである。

（3）学校は、単に多数の基本的な事実や、それを扱う方法を学ぶところではなくなって、ますます一つの生き方を学ぶ場所になりつつある。これは発展途上国にだけあてはまることではない。しかしこれはある国々における学校のなかにわれわれが発見するもの——たとえば特殊な社会集団の少数の子供がその集団の理想に従って教育されている英国のパブリックスクールで行なわれているようなもの——と同じではないし、宗派的な学校のなかで行なわれているものとも同じではない。

学校は、人類全体のバラエティを作り出すことにおいて、本質的役割を演じ始めた。学校は「文化の型」を設定しつつあり、この意味で、今日では「人類創造」の一部をなしている。

このことは、学校が政治的イデオロギーの道具となることでもなければ、社会の現状に奉仕するということでもない。それは反対に、学校が一連の価値判断とある種の自律性をもつことを意味する。

しかし学校は、高度に道徳的な理想をかかげてただ社会から孤立していることはできない。生徒の大多数の生活が前よりも長い期間非経済的な諸目標のために使えるようになった今日では、なおさらである。

(4) われわれは現在、「労働」のごとき基本的な事柄の意味と、そのさまざまな反対概念の意味が変化しつつあるのをみる。われわれが、労働はあらゆる人間にとって必要であると言おうとしても、豊かな社会ではあまり意味がなくなり始めている。

労働は、市民にとってはますます少なくなってゆくが、エリートである特権的少数者にとってはいっそう必要となりつつある。そしてわれわれがどのようにこのエリートを組織し、いかにしてそれを教育しようとするのか、またエリートの役割とは何であるのかが、第一の関心事となりつつある。

このエリートは、階級的特権や党員であるか否かにもとづいて決めることはできない。知能テストやそれに類する機械的方法によっては、それはただ限られた範囲でしか選ぶことができない。これは若者の教育全体の問題でなければならない。決定を下す地位にある者やあらゆる種類の科学研究者、人文領域のさまざまな思想家、芸術家、哲学者、予言者、軍人、博愛家、さらにさまざまな世間知らずの理想家まで、われわれは彼らのすべてを必要とするのである。

学校の機能は変化した。また、制度化された教育や、家庭における教育、学校ほどには制度化されていないさまざまな社会組織のなかでの教育の役割も、過去二〇年の間にさえまったく一変してしまった。もしベルグソンがこの世界を「神々を造り出す機構」だと言うならば、私は学校は「真に人間的な存在を創り出す機構」であらねばならないと考える。

（1）S. N. Eisenstadt, *From Generation to Generation. Age groups and Social Structure*, Glencoe III. 1956 p. 163, etc.

（2）J. S. Mill, *On Liberty*, London 1895.

（3）一八五〇年におけるオランダの人口は三〇〇万。一九五〇年には一〇〇〇万。一九八〇年には一六〇〇万、二〇〇〇年には二〇〇〇万となろう。

（4）Karl Popper, *Open Society and its Enemies*, I, London 1945, p. 207.

（5）Ph. Ariès, *L'enfant et la vie familiale*, Plon, Paris 1960, p. 209. Housden, *The Prevention of Cruelty to*

Children, London 1955. Bernard Pérez, *Psychologie de l'enfant*. 1878

（6）M. Peretti, *La Personalità della donna e il problema della sua educazione*. Brescia 1961.

（7）ベルリンのグラマースクールの生徒カール・フィッシャーによって始められたドイツのワンダーフォーゲル運動のはじまり。

（8）もしわれわれが社会はエリートなしに存続することができないという事実をみとめるなら、同時にエリートに属さぬ人たちのことを考える必要がある。彼らはエリートが下す命令の単なる対象であろうか。デモクラシーの特徴は彼らにも社会生活のなかから生まれてくるところの責任をもたせてやるように図ることである。この責任に与らぬもの、あるいはあまりにも若いか弱いために十分な貢献のできないものに対しては責任ある集団や世代が代わって責任をとらなければならない。

（9）Stouffer, *The Search for Talent*, The Coll. Entr. Ex. Board N. Y. 1960.

（10）Rickover, *Education and Freedom*, Dutton, N. Y. 1959.

（11）Rickover 前掲書 p. 121.

（12）同 p. 130.

（13）Ph. Vernon, *The Structure of Human Abilities*, London 1950. p. 4.

（14）前掲書 p. 9.

（15）私の *Leichtsinnige Betrachtungen über die Intelligenz. Erkenntnis und Verantwortung*, Schwann, Düsseldorf 1960 参照。

（16）A. A. Roback, *The Psychology of Character*, London 1927, 改訂再版 1928, 1931, p. 351 参照。

（17）George C. Brauer Jr., *The Education of a Gentleman. Theories of Gentlemanly Education in England 1660-1775*, N. Y. 1959, pp. 66-67.

（18）「エリートの心理学的な観念についてなんらかの鍵があるとすれば、それは彼らがその人格のなかに非情な決断の自覚と他者に対する暖かな感受性とを結び合わせていることである」とC・ライト・ミルズは *The Power Elite* (1956. N. Y. 1959. p. 15) のなかで言っている。この本では命令する位置にある人間の力が著者の主な関心となっている。われわれはエリートの概念を最終決定をするものだけに限ることはできない。われわれは、哲学者やあらゆる種類の芸術家も、同じくエリートに算えることができる。しかし決定をくだすことは、これらの人たちの課題あるいは仕事とみることはできない。

増補篇　教育学の哲学的根本問題——教育を必要とする「動物」としての人間

（吉村文男訳）

I　理論的教育学と哲学

理論的教育学についてのこの本は、広範な現象学的分析が教育という問題の哲学的な深さや広さを解明することに先立つというように構成された(一)。教育学者は自らの哲学的な理論において根本的に懐疑する余裕をもつことができない。とにかく教育学者は行為しなければならず責任を負わねばならないからである。したがって、教育学はその理論展開において立言《テーゼ》に向かう傾向を強くもつ。そして——あらゆる実践的な学問と同じように——教育学は、もう一度自力で全面的に形而上学を展開し、そこからさらに特に人間学を全面的に展開するなどのことがなく、あるいは包括的な倫理学、特別な社会理論等々を展開したりしなくても、多くの事柄を既知のものとして前提する権利がある。教育学は哲学を前提とするが、しかしそれに替わることはない。教育学はまた、一種の公理と解されたなんらかの哲学的な基礎理論からただ「導き出され」さえすればよい演繹的－思弁的な体系でもない。研究調査に基づく経験的および教育学的な一群の問題の考察と哲学的な熟考とは現象学的分析が先行する理論的教育学において相互に出会う[1]。理論的言語学が哲学でないがたしかに言語学であるのと同じように、理論的教育学は哲学でないがたしかに教育学なのである。教育学と言語学というこの二つの学問において重要なのは、他の似たような専門的学問においてとまったく同じように、構造的な根本状態を現象学的に照らし出すこと、それと同時に事柄の領域（「言葉」「教育」）全体のなかで根底にある現象《フェノーメン》（たとえば言葉あるいは教育という現象）の本質的な立場を規定することである。このようにして実り豊かな経験的な研究が可能になるが、それは経験的研究がこのようにしてはじめて確乎とした基盤、枠組み及び方向を獲得するからである。このようにして同時に、対象が存在するあり方を規定する根本的な特徴もまた明るみに出てきて、このことを通じて哲学的な含意が明瞭になり、この含意を――どうしても必要であるかぎり――現象学的分析がもたらした所与の事柄と直接的に関係させて取り扱うことができる。

　別のやり方も可能であることは疑いない。つまり、純粋に哲学的な、たいていは普遍的な諸原理から哲学的教育学が展開される。しかし、理論的教育学はこのようにしては成立しない。なぜなら、理論的教育学は、経験の外に、経験の表現としての－実験的方法の外に立つことのできない教育学そのものの主要関心事だからである。理論的教育学はこの哲学的教育学に対して理想的な招待主のように振る舞う。哲学的教育学は招待主の家で歓迎され、招待主は喜んで哲学的教育学についてすべてを知ろうとし、哲学的教育学は――礼儀正しい客として好意的に理解されて――招待主の家で自由に動き回ることができるが、一方で招待主は自分の家で起こることに対してはすべて責任をもちつづける。招待主にとって、「教育学は哲学的であるか、全面的にそうでないかだ」と「教育学は経験的であるか、全面的にそうでないかだ」という標語は二つとも同じように真である。理論的教育学においては、招待主である主人が、彼の従事する事柄の領域の根本状態ともっとも特徴的な諸現象から、どうしてもあるところでは哲学的な結論、別のところでは経験的な結論を引き出さざるをえない限りは、二つの標語を一つにするであろう。それゆえ理論的教育学は教育学の始まりであると同時に終着でもある。一方において理論的教育学は哲学と経験を既知のものとして前提する――そう見られる限りそれは終着、帰結である。他方で理論的教育学は一群の問題への入路、出発点を提示し、こうした諸問題の根本特徴を相互連関的に関係づけて取り扱うことを提示する――そう見られる限り理論的教育学は始まり、準備、導入である。哲学的思惟は理論的教育学に先立ち、そして理論的教育学のあとにつづく。経験と経験的研究は理論的教育学に先立ち、そして理論的教育学のあとにつづく。教育する人ないしは教育される人が実存的に統一されて一つで分離されないという事象、つまりこの両者の教育し教育されるという行為そのものは、この統一においてただ体験されうるだけである。それが観察されると、たしかにこの統一は現象学的叙述においてはなお守られつづけるが、しかしそれを考え抜くという次の局面ではすでに経験的な問題層と哲学的な問題層に分裂する。しかしそれとともに、研究上の統一と観察上の統一が同じように必然的に、同じように人工的に現われてくる。だが「人工的」というのは「技巧的」ということでない。たしかにそれらの統一は反省の結果であって、教育そのものではない。しかし教育者と被教育者の経験そのものにおける構成的要素として提示されうる研究上の統一と観察上の統一を見出すことこそが問題の中心である。このことがまさしく理論的教育学の課題であり、理論的言語学、歴史科学、社会学等々の課題と同じである。[2] 理論的教育学の課題はわれわれがすでに次のような言い方で表現しておいたのとまったく同じである、すなわち、問題は、構造的な根本状態を現象学的に照らし出し、それとともに同時に事柄の領域全体におけるもっとも根本的な現象、この場合は教育という現象の本質的な立場を規定することである。

II　人間は教育可能な存在者であるという捉え方は人間についての生物学的及び物理学的な見方とは一つにならない

西ヨーロッパの思想の歴史においては、人間がさまざまなキーワードによって捉えようとされてきた。知性人《ホモ・サピエンス》、理性的動物《アニマル・ラチョナーレ》、社会的動物《ゾーオン・ポリティコン》、「高慢の狂気に損なわれている強奪する猿」、神の子など。たしかに教育学にとっては、[二] ここに挙げたすべてがそのまま使えるわけでないが、しかし教育学の最小限の前提のためにそれらを解釈する可能性は大いに残されている。だが、全面的に建設的なのは、「教育に頼る動物」すなわち教育に向けて企図され教育の助けを必要とする「動物」であるがゆえに、[三]「教育を必要とする動物」、つまり「教育されなければならない」ところの「動物」として人間を把捉することである。

ある存在するものが教育にたいへん影響を受けやすいということは何を意味するのであろうか。このことは、この存在するものが自分の同類との交渉によって、成長したときには自分で自分を守ることができるまでになることを言おうとしているのだろうか。そうだとすれば動物もまたその仔を「教育する」。この場合の教育は、人間にあっては種への適応（「人間化」）以上のなにものをも意味しないであろう。[3] しかしながら、人間の場合の教育はそういう意味ではありえない。なぜなら教育するとは――教育の個々の要素とは違って――ただ単にいっしょに居ることやいっしょに行為することより以上のことだからである。さらにまた、ただ被教育者に関わる行為だけでなく、被教育者自身の行為もある。[四] それらの行為は、教育することによって全面的に「引き起こされる」のでないとしても、それが「前提され」なければならず、それが条件とならなければならない行為である。こうして教育する、教育される、教育が可能である――これらはたえず、非常に限定された種類の活動、すなわちわれわれがこれまで一般に

「行為する」と特徴づけてきた活動を前提している。われわれはまたすでに、教育することは非常に限定された種類の創造的行為であることを指摘しておいた。すなわち教育することはそれ自体、自分なりにひとかどの者になりたいと願っている「素材」といっしょに創造的に事を進めなければならない。そのうえさらに教育がその目標を達成するべきならば、教育することはそのことを欲しさえしなければならない。自分なりにひとかどの者になりたいと願っているということは、どの状況においてもそれに応じて自分が何を欲しているのか、またどのように欲しているのかを自分が知っているという意味ではない。教育することは被教育者自身がそれを知っていることを前提にするのでなく、被教育者がそれを知るようになるのを目指して努力することである。だが、被教育者も自分から、教育することのそうした努力に対して欠くことのできない前提を提供しなければならない。この不可欠の前提は「ただ単に生きようと欲する」ことでなく、私がそれであるこの特定の存在するものとして生きようと欲することである。(五)

以上のような点で子供であることと親であることとは相互に他に焦点が合わされた状況であることにわれわれは気づく。すなわち、子供が子供自身であることができ、子供がそうであらねばならないものになるためには、――子供はそのうえなお実際に完全な寄る辺なき状態で生き始めるゆえに――子供は必ず自分を教育するものと自分を同一化せざるをえない。(六) そして他方、子供の親は、子供のこの寄る辺なさを、子供への愛において、自分たちが護り保護するようにという訴えかけとして受け入れ、子供が道徳的に自立するようになるのを自らの責任として引き受け、子供に代わって子供のために子供の側に立って行為するのである。

さらに、頼りにされている教育者が子供に対する責任を自らに引き受けようと願わないなら、教育することから何も生じないことは、経験がわれわれに教えているところである。教育者は子供を養い、害から子供を守るが、しかし子供が道徳的に自立するようになるのを支援しないということがある。子供のことは子供に任せきりにする者は子供が道徳的に自立するようになるのを妨げている。しかしながら、自らは道徳的に行為しているが、子供に対する責任はなんら引き受けないといった大人がいる環境のなかで子供を生きさせるのでは十分でないのか。自分のまわりの道徳的に自立した者を体験するだけでは子供にとっては十分でないのか。この場合、道徳的に自立している者たちは、いうまでもなく、子供がその自然的本性から寄る辺ないゆえにどうしても自分たちを頼りにし、自分たちに同一化するのだという事情を考慮せねばならない。[七] こうした教育者たちは、きっと、子供において生じることは自分たちにはなんの関係もない、子供がこうした教育者のあとを追い、彼らの決心をいっしょになってし、彼らの信条を共有し、彼ら自身の雰囲気を受け入れても、それは自分たちの関わることでないという見解をとるにちがいない。しかし、こうした見解を信奉する教育者は、そのことによって、ほかでもない前提された自分の道徳と矛盾した行為をすることになり、そのようにして、自分の教育者としての責務を放棄することになるであろう。子供を道徳的に自立させようとすれば、ひとはだんだんと減じてゆくものの初期には逃れられない子供の依存性を受け入れなければならない。ここで子供の依存性を受け入れるといったのは、それを事実として固定化することを意味するのでなく、教育の営みのなかで考慮されなければならない根本的所与として受け取るということを意味する。したがってそれは自立していない者に指導を与えることを意味している。

子供という人間はそれ自身でなければならないが、それと同時にこのことを達成するために、自らを他と同一化することを始める。この人間存在は他の人たちとともにあり、この他者たちとまったく同じであろうと欲する。この人間存在は結局のところこうした他者とともに上昇－下降する。この人間存在は自立してゆくがそのためには依存を受け入れなければならない。こうしたすべてはしかしたいへん矛盾に満ちているように思われる。たしかに、自立を依存から明らかにすることができないのは明瞭である。それだから依存には自立の原理がすでに被教育者によって持ち込まれ、教育者によって受け入れられている。しかし、この自立の原理は「自ずから」成人の個性化された人間像へと発展してゆくのではない。この原理はまた否定されることもある。それゆえこの原理には承認と注意が必要なのである。

こうした確認とともに、或る行動が心理学的な発達系列におけるより低次の過程から説明できるなら、それを決してより高次の精神的過程の活動から説明しないという、ロイド・モーガンの要求に典型的に表現されている生物的な進化論が拒否される。(4) この生物的進化論は生物学においては正当で実り多いかもしれないが、しかし人間そのものが視野に入れられる省察においては、いずれにせよ教育学的には受け入れがたい結論を導かざるをえない観点である。すなわち、人間の子供が人間の子供として適切に理解されうるのは、「下から」でなく、人間の子供が人間の子供として与えられて持参しているものから、持参しているこの所与の含意するものからであるという明白な事実、つまり人間は「教育的動物」であるという事実は、そうした生物学的な思想過程を始めから排除している。もっとも、教育することがただ「血筋」を守り、所有されたものを護りつづけること以上のものとならない場合は別であるが。だが先に述べられたすべてはそれとは反対である。(5)

　同じように、「すべての人に共通の悟性使用」は、数学的物理学のアプリオリな根底として、それの妥当性を保証するあの秩序原理を利用するというカントの暗黙の、また彼にとって自明な思想も実りがない。たしかに「常識としての悟性」は、この秩序原理を完全に展開された理論よりは不明確でまた首尾一貫性なしに利用するが、しかし常識としての悟性も完全に展開された理論も両方とも支える骨組みとしてのこの秩序原理から逃れられない。それゆえ、カントは他とともにある人間《ミットメンシュ》の「把握」に立ち入ることができない。「すべての他の自然的なものと同じように」——とカントは述べる——人格《ペルゾン》もまた「一つの性格、すなわちそれ自身の因果性の法則をもち、これがないなら人格はまったく原因でないだろう。」したがって、したたる水滴が石に穴ができる「原因」であるように、この性格は或るなんらかの結果の「原因」である。この「結果」は——よく注意すれば——人間のもろもろの行為である。原因は一定不変で、「結果」はそのつどの情勢によってさまざまでありうる。原因はそれの帰結から認識されるが、しかしそのためにはこれらの帰結から、それが従っている「規則」が読み取られなくてはならない。そうして、この規則から人間の「経験的な性格」が導き出される。ここでカントは正当にも、——そこに含まれている自己に対する皮肉に気づくことなく——彼自身の立証に関して次のように書きとめている。「われわれは、これらすべてにおいて、総じて与えられた自然における結果に対する特定の原因群を探求する場合と同じようなやり方をする。」他とともにある人間の把握についても事情はまったく同じである。他とともにある人間はあらゆる他のものと同じように自然的対象であり、したがってその「把握」は自然認識の形式に従う。こうして「外」（外部的なもの、結果）と「内」（内部的なもの、原因）の間の厳密な区別が生まれ、そのことと一体に表出や表現における「内」と「外」の実在に即した統一がカントにはまったく見えなくなる。それとともにカントは自らに対して概念的なやり方であらゆる精神科学的認識へ近づく道を閉ざしてしまう。カントが自己認識の可能性について語るとき、ここでもまた人間は「現象《エアシャイヌング》」としての自己自身について知ることができるだけである。[八]「それゆえ行為の本質的な道徳性（功績や責め）、われわれ自身の振舞いの道徳性すら、われわれにはまったく隠されたままである。われわれの帰責はただ経験的性格に関わることができるだけである。」今日、人間‐諸科学において実証主義への回帰が語られるが、[6]これはアメリカとロシアが源泉で——根本において本質的には同じである——、われわれにも拡大されている。実証主義は、自然科学的な観察‐研究のモデルをそれに属する研究方法といっしょに成立させることに寄与してきた。人間‐諸科学の非人間化という進行中の脅威は、他とともにある人間の操作という像と合致しているが、この操作は資本主義的な高度産業主義および独裁的な一党支配‐国家という魔力に自らのふさわしい場所を見出している。こうしてすべては数学的‐物理学的に思考する悟性が人間について捉えたものだけになるという貧しいものになってしまう。具体的な人格は捉えられないままである。理論的な合法則的科学の普遍的抽象性と普遍化する合法則的倫理学の抽象性の間で具体的な人格は失われてしまう。相互に精神的に交流し合い、そこに自らを表現してこの表現において把握されるように整えられ、自分自身がまた他者を把握する人格である代わりに、近寄りがたい孤独な「即‐自」へとつなぎ止められている人間的生の多くの中心が残る。こうした多くの中心がそこに現われてくる「現象」にあっては、他者も自己自身もともに人格としての深みをもって顕現することができない(7)。

III　教育において主導する原理は精神的種類のものである。プラトン主義等々の唯心論的体系も、唯物論と同じように不適格である。まことに前提されており適格であるもの

したがって、生物学主義も物理学主義も、われわれが教育という事実そのものに即して読み

取り、——逆に——事実を可能性としてそこから読み取ることができる人間像を提示することができない。人間の教育がなければ人間の子供は人間にならない。人間は教育し教育され教育に頼る存在者であるということ自体が、人間像のもっとも基礎的なしるしの一つである。教育学がこの現象《フェノーメン》にそれの出発点を探さなければならないことは自明である。人間という存在者が教育の事実を可能にする諸前提を含みもつゆえに、教育が人間という存在者に関して教示するものをわれわれが教育の事実から読み取るならば、まずなによりも人間の子供の依存性は他の動物の仔の依存性と本質的に違っていることが見出される。この依存性はただ単にだんだんと自立性を増してゆく依存性なのでなく、導かれて自立してゆくこととだんだん自分を導いて自立することとが混ざり合わされた導かれる依存性である。

それになお次のことが付け加わる。すなわち、導くという原理も、解放するという原理も、両方とも生物的次元に存するのではなく、生物的なものを有意味に加工する、生物的なものを相応に評価し解釈し統制しようと努力する次元に存している。したがって導くという原理は「超–生物的」な、精神的な性質のものでなければならないであろう。[8] もう一方の解放という原理、つまり道徳的存在者としての人格についてはすぐにまた取り上げる。

導くという原理は生物的次元に存するのでないことは次の事実から、すなわち人間はただ単に生きようとするのでなく、この生きることがはっきりと決まった明確な形を取るようにする目標を設定してそれに準拠して生きるという事実から明らかになる。この地上において人間が生きているのを一目みただけでも、さまざまに異なった多彩な生の形式、文化形態、思想潮流、社会形式等々がわれわれに明らかになるが、このことはたしかに地球上のさまざまな限定された場所で生きている同一種類の動物においては認められないようなものである。(9) しかも、こうした多彩な相違にもかかわらず人間は同一の生物的な種としての特徴をもっている（直立歩行、手の形、言葉等々）。たしかにこれらの生物的に与えられたものは人間がそれらをもってすることのできるすべてのはっきりとした前提ではあるが、しかし決定づける原因でない。そうだとすれば、もろもろの可能性の選択、この可能性のはっきりとした生の形式への加工は、純粋に偶然として説明されなければならないか、あるいはそれ自身本質的に生物的なものに属さないが、しかしそれらと合わせてともに働いている原理から明らかにされなければならないであろう。われわれはこれまでこの原理を「精神的」原理と特徴づけてきた。ここでわれわれは軽く受け取られるべきでないベルグソンの警告を思い出そう。「唯心論の教義の大いなる誤りは、精神的生を他のすべてから孤立させ、地上からできるだけ高いところに宙吊りにし、精神的生が傷つけられず安全であるようにしたと信じたことである。精神的生が幻想の産物として受け取られる危険にさらされないかのように(10)！」

プラトン及びプラトン主義ほど物質と精神がそれぞれ独立していることをはっきりと表わしているのは他に見られない。ヘーゲルにおいてもこの点は完全に同じである。しかしたしかにこの種の二元論ないし唯心論《スピリチュアリズム》はキリスト教的意味での唯心論的ではない。(九) この精神的という特徴は根本的な志向として人間の本質に含まれている。「人間は文化を創るべきであるというのが本来の原動力なのでなく、人間の自然的本性が文化を創るように駆り立てるがゆえに人間は文化を創ろうと欲し文化を創るほかないというのが本来の原動力である。こうして文化もまた、結婚や経済と同じように——ある意味では国家もまた——その根底を創造に適した人間の自然的素質に有している。文化を創る能力、文化を創ろうとする意志を、われわれは神が人間を創造するにさいして与えた根源的備蓄に属するものと見なければならない。動物もたしかに素朴な自然開発のようなことをしているが、しかし決して文化をもっていない。なぜなら精神的なものが『目的そのもの』である創造ということを動物は識らないからである。[11]」ここでいわれている精神は物質の外に、「身体《コルプス》」の外に漂っているのでない。人間は統一であるが、精神はこの統一における統合する要素である。ベルグソンが「創造《クレアシオン》」について語っているように、ここでわれわれも「創造」について語ったのは、それ自体においては、第一のプラトン主義的唯心論に関して、完全な唯心論的二元性について何ごとかを言い表わしているのではないし、同じように第二のキリスト教的唯心論に関して、たとえ考えられたものであるにしろ物質と精神の合一について何ごとかを言い表わしているのでもない。なぜなら物質と精神の二元性やその合一について何ごとかを言うことは、われわれがここで関わっている問題とは別の事柄だからである。われわれは、人間において働き人間を方向づける精神的原理が現にあることを言っているのである。ブルンナーからの引用に従って判断すれば、ベルグソンの批判（「幻想の産物」）は、宗教改革派的－キリスト教的思想に関わって、精神的原理の由来ないし成立についていかに考えられるかというそのやり方に対しては依然として有効でありうるだろう。ただ、ここにおいて実際にはわれわれは信仰の決断に関わっているのだ。すなわち、この点でわれわれに対して「感覚の眩惑」ということを持ち出そうとする者がいるならば、それに対して立証する責任はわれわれの側にはない。

しかし、ベルグソンの批判において、カトリックの思想はそれ自身が正当に描かれていると見ることができるだろうか。われわれはそれを真剣に疑いたいと思う。すでにアウグスティヌスはオリゲネスのプラトン主義と鋭くたたかったのではなかったか。(12) この点でトマスは解釈がより難しいけれども、しかし彼の解釈者ジルソンは、トマスはプラトン主義から遠く離れているという確信をわれわれに与えてくれる。人間は二つの実体の結合でなく、人間を構成する原理のなかの一つだけにその本質を負っている一体化された一つの実体である。したがって人間は、身体がただ魂によってだけ存するゆえに自らの身体であるのでないし、また魂は身体なしには働くことができないままであるがゆえに自らの魂であるのでもない。そうでなくて人間は、自らの身体そのものを現に存在させる魂と、魂がそこで現実に存在する身体との統一である。(13)われわれが見る限り、この点でもまた「精神的生」は「地上からできるだけ高いところに宙吊りになって」他のすべてから孤立して立っているのでない。この点においても統一、といってもしかし――実際には――精神は物質でなく物質は精神でないという原理の二重性が存するのである。

だがわれわれは当然ながら同じように「唯物論の教義の大いなる誤り」とたたかうことができるが、唯物論の教義にとっては「精神以外のすべて」がまぎれもなくすべてであって、このすべてはそうなると「地上高く」宙吊りにされることもほとんどありえず、その結果、それは——厳然と動かしがたく地上的で、「二本足で大地に立つ」のであるが——「幻想の産物」と見なされるというほとんどありえない危険にさらされもしない。維持されることが難しい唯物論とたたかうことはわれわれの課題でない。そのたたかいはもう十分なほどしばしば起こってきた。しかし、たしかに、われわれが精神的なるものにおいてなしたのと同じように、人間的なるもの全体の理解のために物質的なるものの機能を目に留めておくことには意味がある。物質的なものと精神的なものが相互に制約し合わないかのような「上から」の解明をわれわれは排除しなければならなかった。しかしながら同じ理由から「下から」の解明も排除されなければならない。有機的なものはたしかに原子とその秩序なしには解明されえないだろうけれども、有機的なものはそれらから把握されえないのと同じように、心的なものは有機的なものからは、あるいはしかし有機的なものなしには解明されえず、同じようにまた精神とそれの客観化された所産は心的なものからは、あるいはしかしそれなしには解明されえない[14]。創造しそのことで良好な状態を保つ精神——「幻想の産物」——はこれらすべてを貫いて生き生きと働いていることは、心的なものや有機的なもののもろもろの事実においてなんら変わることがない。むしろそのことによって、これらにそれぞれの独自の意味が与えられ、どの解明も下からそしてまた上からの議論である限りにおいては不十分で根本的でないと見られる。

それにもかかわらず、われわれは唯物論の基本的な議論をほんの少しばかり詳しく見ておく。唯物論はそれの認識論においては必ず感覚的である。唯物論の人間学もそれに対応している。人間はあらゆる点でその感覚に結ばれている。このことは人間をまったく動物と共通の段階におく。なぜなら動物については、動物は――たとえその「動物的知性」の最高の能力においてさえ――独自な意味をもつ抽象化ができないことがはっきりしているからである[15]。それに対して人間については何が言われなければならないか。人間はそれ自身の言葉においてすでに感覚との結合を克服してしまっている[16]。同じようにわれわれは、人間の「感覚的」な芸術において、人間の学問において、形式を与え秩序立てる原理として直感的素材を加工する、それ自体は感覚に結びつけられていない創造的な所与性が現にあることの証拠を有する。われわれは、理論物理学が、直感的に-体験できる、あるいは直感的に-捉えることができる世界からほとんど完全に解放されているのを見る。すなわち数学的定式がそうした世界にとって代わる[17]。それ自身、感覚に結びつけられていないこの創造的な所与性は、どのような仕方でも、感覚器官の所与性の産物ではない。この所与性は、それ自体、感覚器官に結合された物質を秩序立てる力である。この所与性は、どれほど知覚、感覚、表象に由来するものであっても、これらそのものに固有な秩序の原理ではない。この原理がわれわれの現実存在に対して生み出すものは、この現実存在が自分の課題を果たすことができるための外的諸条件を充たすにすぎない[18]。この課題の実現は、人間が精神的に自己規定し、したがって自己形成すること、すなわち宗教的、道徳的、社会的、美的、知的に自己規定したがって自己形成することにおいて遂行される。この課題の実現は、人間がそれに向かって自己規定してゆくものにおいて、人間がそれ自身からつくるものにおいて、人間が他からつくるもの、人間が生み出すものにおいて遂行される。人間は単なる個人的主観的表現として、こうしたすべてを自らの主観的な気分や意欲の世界へ向けて行なうのではない。そうではなくて、形態と順序系列の独自な法則を有する世界へ向けて、解釈によって洞察されうる明々白々たる統一の世界、精神的生と文化創造及び文化受納の世界へ向けて行なうのである。これが「幻想の産物?」だと主張する人は、その人自身が非難するものを使っていないだろうか?　その人は文化的生に関わり、そのことにおいて自分自身の理論的な形を創り、それ自身の歴史をもったなんらかの概念を使い、それ自身社会的な使用価値をもつなんらかの言葉を使っている。「幻想の産物」を主張する人も、すでにある精神的なもろもろの統一されたものを介して、これらの形式において自らを表現し、その人自身が安住できる精神的生の総体のなかで理解され解釈されるのを待ち望んでいる。まさしくこうした意味で、その人も、歴史、社会、文化に参与する精神的に生きる存在者なのである。

IV　成長してゆく被教育者において導きとなる原理は良心である。責任と苦悩。人格－であることは他とともにある人間の責任を含む。このことと国民としての生という問題は結びついている。責任の体験において人間は完全であることを予感し、人格としての自己の肯定において人間は神の恩寵を認める

自らを解放する人格に内から方向を与える原理を論じることに移ってゆく前に、われわれはすでに人間が良心を所有し、権威を識り権威に服する存在であることにくり返し言及してきたことを思い出しておこう。それに対応して、何が子供を子供たらしめているかという問いに答えるには、（一〇）われわれは、子供の心的－身体的な所与、子供の成熟と子供がどのように形成されてきたかに注意を向けるだけでなく、子供の人間性、子供が「潜在的に成人であること」、したがって子供は良心をもつ存在であり、だんだんとそうした者として生きることを学ばねばならないということが承認されるときにだけ、子供はまだなおそれでないがそれになることができるものでありうることにも注意を向けなければならない。

これらのことは、先立つ章のあちこちですでに述べられた。（一一）そこでわれわれは、人間を単に自然の産物として見るのではない人間観のもとでだけ教育学が可能であると言ったが、このことは結局ここで述べていることと同じことになる。哲学的人間学が人間は単に自然の産物でないというこの原則を擁護するならば、すべての経験的所与は哲学的人間学の味方につくことが

いまや実際にわかっている。

したがって、人間は「教育を必要とする動物」であるということはなんらかの別の仕方で理解されなければならない。詳しく言うと、この「動物」はその精神性のゆえに独自の存在者であり、それだから「教育においてある人間《ホモ・エドゥカンドゥス》」という言う方がよい。しかしこれは同語反復ではないのか。なぜといって、「教育《エドゥカンドゥス》」は、人間が人間というこの存在者を規定している、生物的でなく精神的な目標設定に従属させられねばならないし、また従属させられているということを言おうとしているのではないか。こうしたすべてはただ人間にあってだけ可能である。実際、「教育においてある人間《ホモ・エドゥカンドゥス》」はただ同語反復でありうるだけである。

しかしながら前述のことからなおそれ以上のことが生じる。人間は放任されたままであるならば言葉をもたず、また理性的でないままであることはよく知られているし、そのうえ遺棄されたり野生化された人間の研究によって真実であることが証明されてきた。もっとも基本的な生のための諸条件がすでに子供にとって「交わり」を意味すること、したがってそれとともにもっとも素朴な教育可能性が与えられていることは同じように自明である。したがって教育においてあり、教育可能《エドゥカンス》であり、教育に依存するもの《エドゥカビリス》である人間《ホモ》と人間を特徴づけることには人間が社会的な性質をもつことが含まれていることも明らかである。しかし、先に述べられたことからすれば、このことは人間が群居動物であることを意味しえないのも明らかである。そうしたスローガンがどうしてもお好きなら、人間は群居人であるという変形を受け入れるのがせいぜいである。その場合にもむろんすべての問題は「群」という語に隠されている。この語もまたまったく傷つかずに残りつづけることができない。なぜなら、人間の行動様式がたとえどれほど基本的な集団的グループ行動の例を示すとしても、しかし人間は群れによって特徴づけられうる、言い換えれば群れでもって人間に、いや人間にだけ固有の可能性が描き出される、と言うことはできない。二つの観点でわれわれはいまや必要になった思想の展開をすでに先んじて語っていた。われわれは、各人の独自の価値を表わす個性的な違いについて、道徳的決意をする能力に関しては同じ価値であるという道徳的な同価値性における統一について語った。(一二)その他の点については繰り返そうとは思わないが、これらの見解の根底には人間観における特殊な二重性があることに注意を促しておきたい。人間は人間として自らの神の前に立つが、それはただこの人間としてである。しかしこのことも二様のことを言おうとしている。すなわち人間は自らがそれであるところのものに対して、自らが行なうことに対して人格として責任を負って神の前に立つ。このことと同時に、人間は、（他とともにある－）人間として、社会的および倫理的な点において自分がそうであるものに対して責任を負って神の前に立つ。人間は人格としての責任を投げ捨てるなら、それとともに自分自身を放棄するだけでなく、自らの全人間性を放棄する。人間が他とともにある－人間ということを払いのけるなら……、もはや自己自身をも保持しえない。

　ここに同時に、人間に適用されうるような自由の概念の核心点が存する。(一三)この自由の概念は、人間はすべてに対して自由であるということを含まないし、同じように人間はすべてから自由であるということも含まない。人間は、人間を支える有機的なものや物質的なものから解き放たれるという意味で自由なのではない。同じように人間は自らを方向づける精神的なものから も自由ではない。しかし人間は有機的なものや物質的なものを精神的なものに奉仕させることができる限り、それらから自由である。しかしこのことは、まさしく人間が人間であることにおいて贈られているものを引き続いて獲得しつづけなければならないということを意味している。この獲得は人間の本質的な責任である。その獲得を目指して人間は自らの生命、自らの行動、自らの仕事を、「あらゆる思想を、キリストに仕えさせるために受け止めることができる。」「からの自由」はわれわれの人間性の完全な肯定への自由であることを意味する。(19) したがって、道徳的自立は、われわれがそれを欲するなら、完全な服従である。この服従において他とともに－人間であることはそれの完全な共同性を見出す。「一つの」教会、「一つの」国家、「一つの」結婚、「一つの」家族等々の時間的な形においては、他とともに－人間であることにおける人間の共同存在という問題は別の形態を取る。問題は、そのもっとも簡潔な形においては、個人主義と集団主義の対立として現われ、特に後者が国家主義にまで先鋭化する場合はそうである。ここではもはや「中庸」について語ることも、綜合について語ることもできない。或る災いと別の災いの綜合は第三の災い以外のものではありえず、決して「我慢できる解決」等々ではない。

シェーラーは、アリストテレスにとって人格としての人間は集団にとって本質的に第二義的で派生的な所与であることに注意している。「人格は社会（まず第一に国家）の一員であることに没して、そうした一員としての自らに帰属する価値に対しても独立した固有の価値を有しない。それに対して、われわれの見解では、人格はそれぞれにみな同等に－根源的な個別的人格であり、そして（本質的に）人格的総体の一員である。そして個々の人格としての価値は、人格的総体の一員としてもこの総体の価値からも独立している。[20]」コーンスタムは、シェーラーがたたかい取ろうとしたそうした思想過程はあらゆる観念論に固有のものであることを指摘している。コーンスタムのこの主張には先があるが、しかしそれはともかくも彼がこの連関においてヘーゲル、フィヒテ、プラトンのような名前を挙げているのは正しい。[21]シェーラーによって展開されたが、当然ながら彼に由来するのでないこの見解は、これらの哲学者において展開されたものに対立している。シェーラーの見解に従えば、何が正しいかという問いを共同体の利益によって規定することは不可能である。なぜなら共同体の利益が確かめられうるのは、さまざまな文化領域の間の価値連関について考慮することを根底としてだけだからである。さまざまな文化領域がどの場合にも具体的にどのようなありさまかは少しも明らかではない。しかもたとえこの点に関していつも完全に明瞭になりうるとしても、それでもなおわれわれは、国家も個々人もより高次の権威の規範のもとにあることをしっかりと保持する。そうなると、或るときにこの国家に利益になることが「正しい」のでもないし、同じように或るときにこの国家にとって不利益でないものが「許容しうる」のでもない。なぜなら、こうしたやり方では、常に揺れ動くその時どきの時代情勢と結合した機会主義が生まれるか、たかだか策略と駆引きが次々と交替してゆくが、他方で個々の国民にとっては自分自身の振舞いになんらかの一貫性をもたせることはまったく不可能になるからである。国家は住むことができないものとなる。今日善くて生命を犠牲にする価値のある事柄が明日は悪であり、今度は生命を危険にさらしてたたかわれるに値する。こうして国民は自らを国家から解放しなければならない。というのも、国民がそれによって確実に自らを方向づけることができるような信頼できる規範も、統合の中心も存在しないからである。こうして国民に残るのは国民が自分で判断することのできないものに従うことだけであり、政府には組織化、「宣伝」となおさらなる組織化だけが残る。

それゆえ、国家の利益とは別の利益、すなわち国民の道徳的及び宗教的生のために必要不可欠な条件としての国家に関わる利益は、国家の利益を越え出ている。国民の生命が人間としての価値をもつかどうかはこの利益の承認に係わっている。「道徳的存在者は、神や国家やその他世界におけるなにかではなく、ただ道徳的な価値と無価値の担い手、すなわち人間だけである。[22]」しかし、われわれの考えによるならば、この価値は個人的な好みの事柄でなく、むしろわれわれに体験と決断を強要する。この決断にさいして人間はもちろん神の前に立つのであるが、しかしこの場合は人格として、すなわち責任を負った特定のこの人間として、言葉のまったく示唆に富む意味においての人間として神の前に立つ。人間の人格として責任を指摘したあとにまず明らかにしなければならないのは、人間が自分でしたのでないこと、自分が防止できなかったことに共同して責任があるということである。すなわち、自分とともにある人間がその人自身として責任があることに対して、自分がどの場合にも人間として責任を分かち合う。このようにして人間は、人々の間にある人として、あらゆる隣人とともにある人間として、つまり全き人間として自らの神の前に立つ。ここにおいて人間は苦悩する責任を体験するが、「苦悩することができるということが人間の特権なのである。[23]」

苦悩できるということにおいて、たしかに、責任を負うことができるということの裏面が明白になる。実際に苦悩すること、或いは苦悩のすべてにおいて、そのことが明白になるとわれわれは主張するのではない。責任感をもっている者だけが、それをもっている程度に応じて無力をさらけ出すことができる。これはつじつまの合わないことでないか。強い責任感をもつ者こそ、そのことにおいて落ち着き、迷わず「責任を負い」、したがって批判の影響を受けないでいることができるのではないだろうか。だが、こうしたことは、自己自身の道徳的価値に対する感覚が他者の判断に依存している限りにおいてだけのことである。そのような場合は落ち着き、迷わず、「責任を負う」ことになればなるほど、自らの責任感は現実においては弱くなる。そうなると、社会的順応、世論への適合が責任感に取って代わる。われわれが責任を負うに当たって他者の判断にどれほどさらされても、われわれが最終的に自らの責任を負うのは「人間たち」、すなわち匿名の「ひと《マン》」に対してでない。こうしてわれわれはあたかも自己の責任感が強いから持ちこたえられるというのでなく、自己の責任感の強さに応じてはじめて自らの足りなさを把握するのである。苦悩はわれわれがこの足りなさを経験する心的な形式である。そうした苦悩に対する鈍感さは「良心の麻痺」と呼びうるものと同じ意味である。こうしてここでわれわれは実存的苦悩と特徴づけられることのできる人間の苦悩に関わる。

それは、人間が自己自身を、しかも自らの足りなさとして経験する苦悩である。[24] それは責任のもっとも深い意味を有する体験である。何に対してわれわれは責任を負わなければならないかを知ることは、われわれがもろもろの要求を果たせずに取り残されていることを知ることと結びついている。「私はそれができない」「そのまま過ぎる」「そうであらねばならないが、しかしわたしはそうしない」。未熟な精神の眼はこのことを自分自身の心のなかで苦痛をもって感じ取り、それに落ち着けないことを認める場合には気晴らしする作戦を知っている。

罰を受ける苦悩は、自らの足りなさを経験するという、この目標に役立たなければならない苦悩である。この苦悩に対して尻込みする教育は子供を非人間化し、われわれがニコライ・ハルトマンとともに「道徳的根本能力」と呼ぶことのできるものを子供から奪い取る。[25](一四) 自らが関わる教育においてこの苦悩を回避する者は、そのことによって、良心の養分の一方の流れ、――その場合はつまるところ――「消極的な」流れを阻止し、その結果、教育の究極目標と自己自身が関わる教育活動の意味を放棄する。他方の――その場合にはつまるところ――「積極的な」流れは、責任を与え責任を負わせることである。これについてはすでに述べたので、ここではこれ以上それについて言葉を費やす必要がない。

「個人主義」や「集団主義」と対向するために以上において述べてきたことを要約すると、それと同時に、人格となり成熟してゆく若い人間を本来的に方向づけるものが何であるかが改めてはっきりしてくる。したがってわれわれここで次のように簡潔にまとめることができる。すなわち、人間は自己に責任－があり－他者に責任がある。人間は前者の責任から決して解かれることができず、後者の責任に対しては人間は悲劇的で英雄的なたたかいに陥ることがある。そして人間は邪悪なものとのたたかいに破滅するか、或いはこの争いの勝者になることができるが、しかし前者の場合が人間を貶めるのでないし、後者の場合が共にある人間のすべての罪と愚かさに対する共同の責任を免れさせるのでもない。人間がこの罪と愚かしさに苦悩するという事実は、人間の不完全さをいっしょに考慮することもしない共同責任の克服よりも、むしろ共同責任から人間を解放する。一瞬ひるむならば、人間は自らが責任を負わされていないと思うであろう。しかし自らの責任の体験において完全さを予感しないならば、――人間は完全なものに出会わないだろうし、そのことにおいて自らが贈られ委託されていることに対する感謝を識らず、そうして人格としての自己を肯定することにおいて神の恩寵を認識しないであろう――、人間は責任にも、良心にも、人格としての自らの自己存在にも、自らの苦悩にもそれぞれ耐えることができないであろう。[一五] 人間に残るのは没落するか、自らの精神的な現実存在を放棄するか、偽装的な理論を打ちたてることだけであろう。この最後のことに関しては、たしかに雑多な哲学あるいは世界観、あるいは理論が、それらを考える者の努力が究極的に無意味であることをどうしても覆い隠す助けをするという務めを果たしているかのように思われる。

本論文は、M. J. Langeveld, *Einführung in die theoretische Pädagogik*. 5. Aufl. Stuttgart 1964. の最終章（8. Kapitel 第8章）を訳出したものである。この章の表題をそのまま論文の表題とした。また、節に分けられているが、節の番号は最初の章からの通し番号になっているので、I、II……と改め、節の表題はそのままにした。本文中に、先立つ章、節、頁を参照という指示が十数か所あるが、それは削除し、そこに訳注を付して参照を指示された章などの要点を記した。原注には（1）（2）……の符号を用い、訳注には（一）（二）……の符号を用いた。その符号の次に〈 〉で記してあるのは本文中の参照指示の言葉であり、訳注のなかの引用文の末尾に付した数字は特に断りがない限り前記のランゲフェルトの書における該当頁を示す。ただし、訳注にはこの種のもの以外も含まれている。なお、本文中の傍点は原文ではイタリック体であることを示す。

原注

（1）この本質的な点で、精神的な由来を異にする研究者たちと一致するのは喜びである。Heinz Mühlmeyer, *Die Wissenschaftsproblematik moderner anthropologischer Disziplinen (vor allem Pädagogik)*. In : Die Krise der Wissenschaften. Frankfurt a. M. 1963. S.108. を参照。ここでわれわれは、ミュールマイヤーとともにシャーラー、バラウフ、プルクィンに出会う。同書一一四頁は、問題になっていることを明瞭な形で含んでいる。——ヨーゼフ・デルボラフの論文 “Scham und Erziehung” (Rothacker--Festschrift. S. 299, a. a. O.) において、現象学的な意味の伝達に対するまったく肯定的な態度が明瞭に現われている。

（2）他の精神科学の領域における同種の理論の例をわれわれはたとえば言語学の領域に見出す。さらに次を参照、Th. Litt, *Das Allgemeine im Aufbau der geisteswissenschaftlichen Erkenntnis.* Leipzig 1941 (2. Aufl. Groningen 1959).

（3）Kohnstamm-Denkschrift における私の論文 “Humanisierung” (Groningen 1957) を参照。

（4）Morgan, *Introduction to comparative psychology* (1894) を参照。「いかなる場合も、或る行動が心理学的段階のより低次の段階にあるものの行使の結果と解釈されうるなら、われわれはより高次の（段階の精神的過程）の行使の結果として解釈してはならない。」R. H. Waters, *Morgans Canon and anthropomorphism.* In: Psych. Rev. 46 (1939) を参照。また、コーンスタムのモーガンに対する評価と批判を参照、P. i. W. S. 152ff. 有名なアメリカの児童心理学者ゲゼルはモーガンの要求につながる軌道をなお強力に動いている。たとえば、Gesell, *Körperseelische Entwicklung in der frühen Kindheit.* Halle a. d. S. 1931 (＝Infancy and human growth) 及びそのなかの S. 303 ff. を見よ。

（5）スペンサー (1820-1903) が教育論における進化主義の適用を典型的に示している。彼の “Education, Intellectual, Moral and Pysical” はわれわれが今日でも肯定できる多くの批判を含んでいる。たしかに彼には多くの健全な人間悟性が認められる。しかし、彼の極端な経験主義は、十分な深さと満足のゆく展望のもとに教育－文化問題を見る点で彼を妨げている。McCallister, *The growth of freedem in educatoin. A critical interpretation of some historical views.* London 1931 のなかのスペンサーに関する興味深い見解を参照。スペンサーに関する文献として、Moog, *Geschichte der Pädagogik III* (1933), §40. ベルグソンのスペンサーに対する批判として興味深く教えるところの多いものとして次のものを挙げることができる。有名なBergson “L'évolution créatrice” の最終章 “L'évolutionisme de Spencer”, “Les deux source de la morale et la réligion” (p. 249 ff) に見られる批判。ベルグソン自身の進化論はその構造がずっと豊かであり、われわれは彼の世界像を自分の世界像とはしないけれど、それは安易な批判をはるかに越えている。反対に、豊かな発展の可能性を、しかもわれわれが受け入れることができる方向での可能性を含む、深く考え抜かれた中心的な視点から秩序立てられた全体が提示されている。

（6）次の諸著作を参照。H.-G. Gadamer, *Wahrheit und Methode–Grundzüge einer philosophischen Hermeneutik*, Tübingen 1960, S. 436.――まったく別だが思想の展開において卓越している：John W. Yolton, *Thinking and perceiving–A Study in the philosophy of mind. Lasalle (I 11.)* 1962. 当然ながらGeorge Gusdorf, *Introduction aux sciences humaines–Essai critique sur leurs origines et luer développment*, Paris 1960.

（7）さまざまな証拠個所として、次を参照。Kant, *Kritik der reinen Vernunft*, neunter Abschnitt. さらに、Litt, *Kant und Herder als Deuter der geistigen Welt* (Leipzig 1930). カントが彼の道徳形而上学において、道徳的品性の認識可能性とともに道徳的品性の発達に対する影響の可能性に異を唱えるのもこのことと関連する。カントは、他者が道徳的に完全になるのを促進しようとするのは自己矛盾であるとする。なぜなら、そのようにしようとするのは、誰もが自分自身だけでできることをさせようとすることを意味するからである。「なぜなら、人間には、たとえ唯一つの行為においてすらいつも自分の道徳的意図の純粋さと自分の心術の誠実さを確認できるであろうほどに深く自分の心を見抜くことは不可能だろうからである。」（カッシーラー版VII、202）道徳的な範例について語って次のように言う。「他者がわれわれに与えるものはなんら徳の格率を基礎づけることができない。」（同書、195）リットの前掲書（172ff）を参照のこと。すべてこれらのものにおいて、われわれはたしかに尊重しうるがしかしただ半分でしかない真理を見る。人格としての個人自身が自らの道徳的行為を意志しなければならないことにはわれわれも同意する。しかし模範こそが子供に自分も－そのようにしようとさせることができること、子供自身による自己検証——それとともに自己認識——があらゆる道徳的行為の前提であること、これらがこの点では反教育的であるカントの思想に対立する事実である。道徳的品性の自己完結と自足はカントにあっては「叡知的性格」という彼の教説の結果であるが、彼の全体系の根本ともっとも密接に結びついた彼の数学的物理学主義と切り離しては考えられない根本的な誤りである。

（8）「人間の理念」についてプレスナーは次のように書いている。「人間の理念の古い形而上学的及び存在論的な保証がもはや問題なしに妥当しなくなると、人間であることや人間性もまた道徳的に問題となる。直立歩行、発達した手、言葉、道具の発明‐使用等々のさまざまな特徴をもった人間という形式的に生物的な種としての統一、この種に属するものたちが相互に了解し合い、それとともに自然がそれらに前もって意味しておいたものを自由意志的な行為という本領においてつくり出す人間という生物的種とともに与えられている可能性——これらは、人間を人間であることにつなぎ留めておくには不十分である。人間はこの言葉のもっとも厳密な意味において自己を失うことがあるし、歴史的に責任を負わされるべき実存というこの責任にもはや尊厳を認めないなら、こうした実存が頽落することがある。今日、人間はもはや問題のない伝統からこの尊厳を手に入れることができない。こうして人間が揺すぶられた伝統に対する懐疑をできる限り真剣に受け取らないなら、人間に対して人間であることが事実としても課題としても問題となった。」（「尊厳」という語を始めとするすべてのイタリック体はプレスナー自身による。）Plessner, *Die Aufgabe der philosophischen Anthropologie.* In: Philosophia II. Belgrad 1937. S. 104. を参照。また、重要なのは、*Die Stufen des Organischen und der Mensch–Einleitung in die philos. Anthropologie.* Berlin-Leibzig 1928. 第七章 (das 7. Kapitel) である。

（9）「有機体と同様に観念にも進化が存在する。ワラス教授がたいへん説得的に示したように、文明の質は伝達に係わっているが、それは物質的な性質のそれよりも、習慣、知識、信念の複合体の伝達であり、これが壊れると一年以内に人類の半分が死ぬことになるであろう。個人がもって生まれてくる、引き継がれてきたもろもろの気質の根本は、記録に残る歴史においてはほとんど変わらなかったことを認めるとしても、その個人の世界を構成する関心や価値は絶えざる革命を経験してきたであろう。人間の本性は変わらないという旧来の考えは、人間の本性のうちの人間にのみ固有でない局面に注意が集中される限りにおいてだけもっともである。狼は今日もニムローデによって狩りたてられていた当時と変わらない。しかし、人間たちは狼たちの特性をもって生まれてくる一方、人間は飼育された狼であり、人間は自らがそれによって部分的に飼い慣らされてきた術を伝達すると同時に伝達されてきた術を改良する。」(R. H. Tawney, *Religion and the rise of capitalism*, Pelican Ed. 1938. p. 28ff)。引用の最後の個所は、人間は実際はただの馴らされた動物にすぎないのではないかという疑いを引き起こす。一見すると人間は馴らされようと欲し、このことを自分たちのために必要だとしているように見える。トーニーと同じ意味で、注5で引用したBergson, *Les deux sources etc.*, pp.294-295を参照。それに続く文がベルグソンの哲学と哲学的スタイルのよい見本を与えてくれる。

(10) Bergson, *L'évolution créatrice*, p.268 ff. 参照。これに続く節は、特に人間と客観的精神に関して、ベルグソンの哲学の見事な綜合を提示している。

(11) Brunner, *Das Gebote und die Ordnungen*, Tübingen 1932を参照。

(12) De Civitate Dei XI, 23, 1-2 : Patrolog. lat. Teil. 41, col. 336-337. さらに次を見よ。De Civ. XIII, 24, 2 : …… homo non est corpus solum, vel aima sola, sed qui ex anima constat et corpore.(人間は単に身体あるいは単に霊でなく、霊と身体からなる存在者である。)

(13) Gilson, *L'esprit de la philophie médiévale*, I, Kap. IX(特にp. 193)を参照。

(14) Nic.Hartmann, *Das Problem des geistigen Seins–Untersuchungen zur Grundlegung der Geschictsphilosophie und der Geistesuissenschaften*, Berlin und Leipzig 1933. S. 52ff. を参照。「精神はたしかに『休んでいる』ときはより低次の存在のなんらかの規定を受けざるをえない。精神は、より低次の存在の規定に捕らわれている形成されたもの(時間性、有限性、被破壊性など)に支えられているので、それらを廃棄することができない。……精神をもたないすべての存在に対して精神的なものが優るその独自性――たとえば特徴的な間主観性、人格性、自発性、個性の唯一の高み、多様性、より高次の統一体の特殊性――を目の前にすると、精神の編み物に向かってそそり立ち、精神がつくられている本来の素材を形づくるのは、この精神自身の諸契機であって、物理的及び生命的な次元の型にはまった糸でないことがわかる。――これが精神を『何から』説明することが不可能である理由である。……われわれは精神に関してはただその本質的諸特徴を記述して示すことができるだけである。」(53)

(15) J. A. Bierens de Haan, *Die tierieschen Instinkte und ihr Umbau durch Erfahrung–Eine Einführung in die allg. Tierpsycho.* Leiden 1945. S. 245 ff. を参照。

(16) たとえば、すでにソシュールが見ており、カール・ビューラーによってはじめてきっちりと仕上げられた事柄、すなわち言葉のいわゆる「解放」を考えてみるべきである。どの語もその意味については直感と結びつけられえず、そうでなければそもそも語であることがなくなる。次を参照。K. Bühler, *Sprachtheorie.* Jena 1934. Richtling, Het Woord. Nijmegen 1935.

(17)「物理学の歴史は、この絶えざる前進の過程、脱感覚化の歴史である。いわゆる『古典』物理学、ニュートンのような人の物理学、カントのような人がその論理を書いた物理学は、われわれの時代の物理学と比べるとなお驚くほど直感的な性格をもっていることは、どれほど啓発的であることか……。現在の物理学が感覚的足場と断絶してずっと前進してしまっていることによって、……現代の物理学は他の科学と違ってこの科学の成果をもっとも明瞭な光の中へ押し出すのに適している。この成果とは、すなわち……この特定の種(すなわち人間)にその妥当性が結びつけられていないそうした認識へと前進してゆくことである。」(Litt, *Die Sonderstellung des Menschen im Reich des Lebendigen.* In : Festschrift für Spranger. Leipzig 1942. S. 232.)

(18)「……すべての生物から人間を際立てている世界解明の力は、生物という点では出来損なっている被造物が、別のやり方では自己維持という目的を果たすことができなかったので、つくり出したであろう単なる手段でない。――世界解明の力は、それ自身に基づく、それ自身から生きる根源的な恩物及び恩寵である。その力が生物としての現実の存在を維持するためにおこなうことは、もはやその力の働きが依存している外的な諸条件を充たすこととしてあるのではない。」(注17に引用したリットの書、239)

(19) Magd. von Tiling, *Grundlage des pädagogischen Denkens*, Stuttgart 1932を参照。うまく組み立てられ、考えぬかれた書である。ハンメルスベックの特にすばらしい書 (Mchn. 1958) も参照。問題の歴史に関しては、ルター (Werke, herausgeg. von Clemens, II, S. 11f.) 及びカルヴァン (Inst. III, 19) のそれぞれ根本的な見解表明をも参照。

(20) *Der Formalisumus in der Ethik und die materielle Wertethik*. 3. Aufl. Halle a. S. 1927, S. 546. もちろんわれわれは、シェーラーが提起する「人格的総体」、「より高次の秩序に属する諸人格」という、民族、国家、人類等々の包括的な社会的統一体の観念を彼の責任に委ねる。これについてはニコライ・ハルトマンの批判 (*Ethik*, S. 219) を参照。しかしそれと同じように、この「人格的総体」に対応する諸対象が正しくも「人格」と呼ばれるものと広範に絶対的に一致することはそのとおりであり、あらゆる点で申し開きされうる。もちろん、重要なのはいわゆる共同的対象、すなわち人格がそれぞれ「唯一」であるのと同じように独自の集団である。私の書 “Verkennig en Verdieping” における “Handelen en denken in de opvoending en opvoedkunde” を参照。またそこで詳論されたリットの諸著作をも参照。

(21) *Demokratie in de branding*, Amsterdam 1938, S.103 ff. 典型的には次にあるヘーゲルの見解を再現している (ラッソン版全集、VIII, 90ff.)。すなわち、「人間は自らのすべてを国家に負っており、国家においてだけ自らの存在を有する。人間が有するすべての価値、すべての精神的現実を人間はただ国家を通じてだけもつ。」ある程度それに対応しているのはクリーク (1882-1947) の教育学である。Krieck, *Philosophie der Erziehung*. 1922 (3. Aufl. 1930); Nationalpolitische Erziehung, 1932 など。

(22) Brunner, *Der Mensch im Widerspruch*, Berlin 1937, S. 295ff. 参照。「神は、人間を自己自身と共同するだけでなく、共にある被造物と共同するように創った。神ははじめから人間をただの個人としてだけでなく、包括的な人間共同体の一員として創った……。神が個々人に呼びかける目標、ひとびとがただ『単独者』として、自らに責任もつ者、自ら責任を負う者としてだけ到達することのできる目標は、神の国である。考えられうるもっとも普遍的で、無制約的な共同体は、神によって与えられた責任の他の一面である。責任を負った実存は、共同体と結ばれた共同体的な実存である。愛——新約聖書が愛について語るように。」

（23）O. Schwarz, *Medizinische Anthropologie*, Leipzig 1929. S. 225.

（24）Brunner, *Das Gebot und die Ordnungen*, Tübingen 1932, S. 140 ff. を参照。

（25）Nicolai Hartmann, *Ethik*, 2. Aufl. Berlin-Leipzig 1935. S. 665 ff.

訳注

（一）ここで言われている「現象学」は当然フッサールを起源とするPhänomenologieのことである。ランゲフェルトは現象学に対してどのような立場を取っているのか。教育学は当然ながら教育に関わらなければならないが、「野の－、森の－、草原の経験に基づく、たとえなお漠然としているにしても、教育するとは本来何であるかについての表象がすでに現に存在している。この表象が、われわれに問題になっている現象（Phänomen）をわれわれがそこで探求せねばならない領域、分野を指示する。」（26）

　このように言われる「現象」は、「われわれがもっともなこととして認める備えをし、またそうできるだけで誰もが参与できるあの経験において、目前に見出される」（同）ものである。こうしたものの「外にある源泉からの解釈」を排除し、まずはこの現象そのものを分析することから出発するという「現象学的な作業方法」（同）をランゲフェルトは採用して「理論的教育学」を展開する。しかしランゲフェルトは同時に「現象を哲学的ないし世界観的な種類の包括的解釈へと関係づけてはじめてそれの究極的意味が理解されうるという可能性」（同）を認め、「たいへん簡略であるが哲学的解釈」を展開しているのが本論文である。なお、ここで述べたことに関して次の論文が参考になろう。山崎高哉「ランゲフェルトとの出会い」（和田修二他編『ランゲフェルト教育学

との対話』玉川大学出版部　二〇一一年、特に二二頁〜二四頁）

教育学と哲学の関係については、ここに訳出した章の直前の第七章「教育学の学的性格」のなかで論じられている。ここでその章の要点を示し、ランゲフェルトの考える教育学と哲学の関わりを紹介しておく。

学問はさまざまに分類されるが、一つには数学や論理学のような「純粋な」諸学問と自然や生の諸現象のような「経験的現実において出会われる対象」（169）に関わる「経験的諸学問」に分かたれる。さらに、後者に関わる対象が自然である場合の自然諸科学と「人間的－精神的活動とその産物に対象を有する」（同）精神諸科学に分類される。この分類に従えば「教育学は経験的現実においてそれの対象（教育的状況）に出会うので、経験的学問である。」（同）そしてさらに「教育学は精神科学である。」というのは「教育的状況は、そこで問題になる〝子供〟というこの存在者をその自然的あり方に委ねておかず、……自然からは導き出されない仕方でまさしく子供というこの存在者を理解するという人間の意図に基づいているからである。」（同）

こうした分類に従って教育学は教育的状況を対象とする精神科学であると規定されるが、そもそも「状況」とは「それに関わって行為がなされなければならない、関係し合う諸事実の全体」（161）である。教育し教育されるという教育的行為が関わる相互に連関し合う諸事実の全体が「教育的状況」であろう。教育学はこのような教育的状況の分析を任務とする。言い換えれば教育学は「教育することと教育されることという実践（Praxis）の分析」（163）として、「実践的（praktisch）学」と特徴づけられる。しかも、教育的行為には、本質的に、「子供にとってよく、正しく、支援的であるとされる、あるいは人間にとってよいとされるものと、誤り、疑わしく、有害で、間違っているとされるものを区別して選択すること」（170）が結びついている。教育的行為という実践に関わる教育学はこうした選択に真正面から向き合わねばならないという意味で「規範的な（normativ）学」である。教育的状況の分析としての教育学という限り、もちろん教育学は「事実」を研究しなければならない。「いかなる教育学的思惟も、独自の十分な事実研究なしには、……展開されえない。」（163）しかし、教育学にとって、「規範」を排除した「純粋な」事実研究はありえない。「〝規範的〟教育学から、具体的な教育行為がそれを基礎に決定される事実だけが本来集められる学問ないしは学問領域を区別することは維持されえない。」(162f) こうして教育学は「事実確定と方向決定の統一」(165) として「実践的な学」である。したがって「実践的」というのは「機械的 - 合法則的な種類の物のような対象」の「技術的な〝取扱い〟(der technische Griff)」に対して「適切な指示」(166) を与えるといったことでない。

以上のように要約される教育学の学的性格を明確にしたうえで、「教育学が歴史的には哲学と密接に結びついていた」(167) ということに関わって教育学と哲学の関係が問題とされる。

教育学と哲学の連関といっても、それらの「形式的な連関」(168) より、「或る特定の環境と或る特定の時代における実際の教育」と「その環境と時代の人間が体験しつつ〝人間〟として識っているもの」(同) の連関のほうが重要であり、後者の方の人間の自己理解は哲学の形態においても示される。「教育者と哲学者は、同じ精神的状況にあって人間存在の類似の課題を解決しなければならなかった。」(同) しかし、そうはいっても教育が哲学からこの人間理解を借用するというのでない。そもそも両者には基本的な違いがある。同じ精神的状況にあって人間存在の類似の課題を解決しなければならないといっても、「一方は実際に人間を形成するという課題であり、それに対して他方は演繹的、合理的な思惟の、しかも人間の教育に関して何かを言う必要がない思惟の、人間の教育について何かが主張されるにしてもそれを具体的な行為の世界において実行に移す必要のない思惟の課題」(同) という違いである。こうして、教育学にとって「哲学との関係は重要であるが、しかし実際には必ずしも価値があるわけではない。哲学との関係は本質的な意味をもっているが、しばしば実りがない。」(同) 教育学にとって哲学との関係が重要な意味をもつのは、「教育学者のしっかりとした、なかんずく哲学的 - 人間学的な教養がもつ有用性」(同) ということにおいてである。教育が「社会のあらゆる気まぐれ、あらゆる政治的な権力の移り気、あらゆる半可通の知識に委ねられるのでなく」、教育に対して「教育学はそれ自身の責任でそれの専門的立場において判断することができる」ということが「教育学にとってもっとも重要なことである。」(同) このような判断をすること、つまり「本質的な態度決定」(同) にとって哲学的 - 人間学は教育学に大きな意味をもつ。哲学的‐人間学は「合理的なものの過度に強調された形式」(同)を取っているが、教育学者はそれにおいて、「教育の現実においては決してそうしたものとして現われないが、しかしなお学的に考察される以前の体系化されていない形態の教育現実に対してたしかに理念として基礎となることのできる、もろもろの問題情勢の根本構造を識る。」(同)この根本構造を識ることにおいて「本質的な態度決定に対する警告が得られるだけでなく、その態度決定が明瞭になり、はっきりと理解されるのである。」(同)そのような態度決定において、「教育学者は、教育者、その子供、そして文化のために見張りに立たなければならない。」(同)

(二)〈第三章と第五章で見たように〉「教育の目標、必然性、可能性」というタイトルをもつ第三章、「教育者、教育機関、被教育者」というタイトルをもつ第五章においては、教育を可能にし、教育を必然とする人間の本質が考察されている。教育は子供に関わる人間の行為であるが、子供(子供期)は「全体的な人間の生の一部」であると同時に「それ自身だけで十全な価値をもつ人間の形態」(107)である。「子供は、いつも、全体における一面として捨て去られるものとしてだけの意味をもつばかりでなく、より深い意味をもつ、つまり人間の姿として独自の価値をもつ。ひとは大人になることができるためには、その前に子供でなければならないというのは、単なる不可避性を示すのではない。大人であることは、子供であることよりも〝よりよい〟のでないし、その逆でもない。」(107)それだから、教育を可能にしまた必然にする人間の本質といっても、教育の考察にとっては「全体的な人間の生」つまり人間の本質一般だけでは不十分であり、「人間像の全体における子供の生の解釈」(同)が必然である。「教育学は、それのもろもろの課題において妥当する価値と視点を、教育学に根源的に属する経験の現実の領域とそれの解釈から判断するべきである。すなわち、子供の存在そのものが人間の存在への展望を開く(その逆であるばかりでなく!)」(61)人間の本質規定のすべてが必ずしも「教育学にとって可能なのでない」と言われているのはこのことと関わっている。子供存在が人間存在への展望を開く――「哲学的人間学」と区別されて、「子供の本質に関する、〝子供期と青年期の独自な価値〟に関する学(Lehre)」としての「子供の(哲学的)人間学」(同)が可能であり、必然である。

（三）〈四二節参照〉この節は「人間の子供とその発達は、教育へと企図された存在者を示す」と表題されている。ここでは、子供の心的発達に即して要約的にそれを見ておこう。子供の心的発達の根底には「共感（Sympathie）」がある。共感は「子供に対して、他とともにある人間への関係を可能にし、ひとびとが子供に欲することに対して子供が影響を受けそれを受け入れることができるように手はずを整えている。」（112）幼児が話し始める「片言」にはその幼児を取り囲む特定の言語環境のもつ特徴的な言語的響きが認められる。そしてさらに進むと、子供は周囲の人々のその子に対する取扱いに対応してそれを受け入れて受動的に習慣を形成する。さらにそこから子供は能動的に模倣するようになる。その場合「子供は、他の人と同じようによく話そうと努める。この努力には、子供が〝自分なりに－ひとかどの者－になりたいと－願う〟ということが存しているが、それとともに同時に子供は他の人々とまったく同じであろうとする。」（同）このようにして子供は心的に発達するが、そこにおける「導きに対するそうした影響の受けやすさと感受性は、自分なりにひとかどの者であろうと欲する素質といっしょになって、たしかに……教育の可能性に対するまったく明白な前提である。」（同）このように子供の心的発達をざっと見ただけでも、「子供というこの存在者は教育されるようにといわば企図されている」（同）ことが示される。

（四）〈注八四参照〉原注八四では「われわれがそこで生きる国家が、われわれの人間としての使命に従って生きる可能性を（もはや）提供しない場合にだけ、そうすることが正当である何か」と言われている。このことが言われているのは次のような連関においてである。人間は人格として一人一人独立しその意味で相互に相違しているが、同時に一つに統一されており、「統一における相違」（101）といえる。このことは言い換えれば「社会と人格」という人間の根本的所与態であるが、人間はこの社会と人格において「人間としての使命に従って生きる」（同）という目標に向かって努める。しかしこの目標は国家という社会においてはどのように目指し努力されるのか。国家はそれ自身を組織化し、その組織が維持されるために法をつくり、国家の成員はそれを守るという課題をもち、それを実現してゆく。そこで「法をつくり守ることに人格として責任をもてないと感じる者は、自らを国家という人の結びつきの外におく。」(同) このことに付された「注」が前述の文章である。つまり、人間としての使命に従って生きる可能性を国家が提供しない場合には、人はこのように国家の外に自分を置くことが正当であり、被教育者の行為としてそのような行為があるということであろう。

(五)〈六六頁参照〉ここでは「良心」について語られている。人間であることは、道徳的に決断しそれに従って行動する「道徳的に自立している」ことであるが、道徳的自立は人間が社会的存在でもあることに即して言えば「道徳的に責任」を負うということである。「道徳的責任において、直接そして人格的にわれわれ人格に向かう権威が顕現する。この経験は〝良心〟と呼ばれる。」(66)

(六)(七)〈一五節参照〉この節は「教育における権威の行使」と題されている。その本性において寄る辺なきものである子供と、それゆえ子供にどうしても必要な助けをする大人という関係において教育が成立するが、この子供と大人の関係がただの交わりでなく教育であるためには大人の側の権威が不可欠の前提である。子供の側からすれば、子供は自らを権威の担い手である大人と同一化する、すなわち「自らが権威の担い手のようであろうとする、つまり子供が積極的に、模範として示された、あるいは教示された権威の像にぴったりと自らを合わせるとき、子供は一歩前進する。」(51)

(八)ここで言われるカント哲学における「現象(Erscheinung)」は、(一)で触れた現象学で言われる「現象(Phänomen)」と同じではない。衆知のように、カントにあっては、「われわれは、客観がわれわれ(われわれの感官)に現象しうるとおりにだけ認識しうるので、客観がそれ自体においてあるだろうものを認識するのでない」(Prolegomena §10)と言われるように、われわれは直観の形式(時間と空間)を通じてわれわれに現われる(現象する)ものを思惟(悟性)の形式であるカテゴリーに従って思惟することによって客観の認識が成立する。このような「現象」においては不変の自然法則が一貫しており、そこに「自由」はない。そして人間もまた人間に認識される限りでは「現象界」に属し、自然法則に支配されている。しかし「われわれが直接的に意識する道徳法則」は「われわれを自由へと導く。」(Kritik der prakischen Vernunft S. 53)「自由は道徳法則の存在根拠であり、道徳法則は自由の認識根拠である。」(ibid. S. 5) ランゲフェルトのカント批判はこうしたカントの思想に向けられている。人格は「性格」をもち、それは自然的対象（客観）が「現象」として因果的に捉えられるのとまったく同じように、行為という結果の原因として捉えられる限り、「現象」として「経験的性格」である。しかし人格は道徳法則を知る者として「自由」へと導かれるが、この「自由」は「現象」でなく、そうしたものとして認識されることはなく、「隠されたままである」。こうして、カントの場合、人格は「理論的な合法則的科学の普遍的抽象性」によって特徴づけられる「現象」としての「経験的性格」と「普遍化する合法則的倫理学の抽象性」によって特徴づけられる道徳法則を知るものとしての自由へと分裂し、「具体的人格は失われてしまう」というのがランゲフェルトのカント批判である。

（九）「唯心論（Spiritualismus）」は、一般には、「現実は、その本質あるいはその由来からして精神（Geist）であるとする哲学的説」(Philosophisches Wörterbuch, hrsg. von M. Gessmann) とされる。ランゲフェルトは、それに対して、「プラトン主義的唯心論」と言い、それは「物質と精神がそれぞれ独立している」二元論だとする。そこからすると、人間は物質と精神という「二つの実体（Substanz）の結合」であるということになる。プラトンのよく知られた「洞窟の比喩」によれば、人間は洞窟に繋がれその壁に映る、真実の世界である「イデア」の影を見ているのであり、洞窟に人間を繋いでいる鎖を断ち切ってはじめてイデアを観ることができる。洞窟はわれわれの「肉体（物質）」であり、イデアを観るのがわれわれの「精神」であるとすれば、この二つが結合しているその仕方は、精神が肉体を制御するというのが本来的であろう。その意味で物質と精神を二つの実体とするプラトン主義的な唯心論と言えるのであろう。他方「キリスト教的意味で唯心論」とは次のようなことであろう。キリスト教の教えでは日本語で「霊」(Geist= 精神) と言われる。「肉の思いに従う者は、神に敵対しており、神の律法に従っていない……、従えないのです。……神の霊があなたがたの内に宿っている限り、あなたがたは肉でなく霊の支配下にいます。……もし、イエスを死者のなかから復活させた方の霊が、あなたがたの内に宿っているなら、キリストを死者のなかから復活させた方は、あなたがたの内に宿っているその霊によって、あなたがたの死ぬはずの体を生かしてくださるでしょう。」(『ローマの信徒への手紙』8、新共同訳)これは、物質(肉体)と精神(霊)という二つの実体を認める二元論でなく、いわば霊(精神)一元論である。ラングフェルトは、この「一元論」を純粋に表わしている「宗教改革的」キリスト教思想にはベルグソンの唯心論批判がある面で妥当するが、カトリックの側の、特に古代末から中世へかけての「教父哲学」や「スコラ哲学」と名づけられるそれぞれの哲学を代表する哲学者の思想にはベルグソンの批判は必ずしも当たらないとする。つまり、それらにおいては、まとめて言えば「人間は、自らの身体そのものを現に存在させる魂(精神)と、魂がそこにおいて現に存在する身体との統一である」とされる。そうした精神は「教育において主導する精神的な種類の原理」であるだろう。

(一〇)〈二一節参照〉この節は次のように表題されている。「教育の目標は人間の使命に依拠している。すなわち、教育学は、人間にふさわしいものが〝子供にふさわしい〟を苦境に陥れないように注意することによって、子供の利益を守る。子供期の独自の価値」。教育の普遍的な目標は「自らにふさわしく、自らの生を独自の人格的存在として自立して生きることを被教育者に教えること」(79)である。このように「自立して生きること」が「人間としての使命」である。この意味で教育の目標は「人間としての使命」に依拠している。すなわち教育の普遍的目標は教育それ自身から出てくるのでなく、むしろいわば教育の外で決められているということである。「そこからすれば、教育学はいかなる価値が人間の生を人間にふさわしくするのかを決めることができない。」(61)言い換えれば、教育には、「芸術のための芸術」のような「教育のための教育」はありえない。しかし、教育自身が決めたのでない「人間としての使命」に依拠する、自立して自らの生を生きるという目標に向かって子供を教育することは、子供が子供として存在するその独自の意味が奪われるならばうまくゆかない。うまくゆくためには逆に「子供は子供であることができなければならない。」(同)そうであるなら、教育学は、「子供の生を規定するべき価値」(同)としていかなる価値を教育的に受け入れることができるのかを独自に決める。「教育学は人間にふさわしいという観点を子供にふさわしいという観点によって補うという課題をもつ。子供はだんだんと大人にならなければならず、このことは子供が子供の価値尺度のもとに留まるならうまくゆかない。しかし、……大人の価値尺度が子供のそれと同じだとされると、これまたうまくゆかない。」(同)

(一一)〈第三章及び第四章(特に二二節以下)において〉二二節は、「あらゆる可能な教育学に根底を与える四つの人間学的根本命題」と題されている。その四つを要約して挙げる。1　教育は大人と子供の交わりであり、しかも大人が権威であることにおいて成立する交わりであるが、これは「教育は社会的な現象である」(63)ことを示しており、それゆえ教育が可能である人間学的根底として人間が「社会的存在」であることを挙げることができる。2　しかし、すべての者が全面的に同じであるというようにして一つになっているならば、教育活動は不可能である。「人間の社会的性格と並んで、各々の独自な価値を具現することができる個々人の相違の現に存在すること」(同)が教育成立の人間学的根底である。3　人類は生物的には同じ種として一つであるが、そうした生物的意味での人類の統一でなく、「統一原理としての道徳的な等価性」(65)に人類の統一は根ざしている。人類は、まったく多様な存在者からなっているが、「しかし、どの人間も、道徳的に決断し自らの行為をその決断に従って方向づけることができるという事実において統一原理を有している。」(同)4　道徳的な等価性は、同じものを要求する、言い換えれば「人間が人格存在であることを誤認する集団主義」(68)を意味しない。逆に「人格の豊富な多様さが、道徳的行為の可能性、そのあり方及びその水準を決める。」(69)つまり、先に挙げた「個々人の相違」が「その人格的意味に従って評価される」ところの「この人間の人格存在にとって意味のある限りでの個々人の相違」(68)が教育の根本前提である。

(一二)〈二二節を参照〉前注(一一)を参照。

(一三)〈七一頁参照〉教育学は、「道徳的洞察が可能であるのと同時に、この洞察に従って行為することが可能である」(71)という見解を前提にしている。この可能性は「行為する人格の単なる主観的体験」(同)に引き戻されない。具体的な行為においては踏み迷うことがあるとしても、「原理的には、行為する人格はこの洞察に従って行為することができる。哲学において、この問題は意志の自由に関する争いと関連して取り扱われる。」

（同）

（一四）〈五四〜五五節を参照〉この二つの節においては「罰（Strafe）」と「罰を受けての苦悩（Leiden）の意味」が論じられている。罰とは、身体的にも精神的にも弱く、他者に保護され世話される者に対して、保護・世話する者が意図的に苦悩させる行為である。罰を受けて苦悩するこの弱い者、すなわち被教育者を道徳的に成熟させるところに罰の意味がある。「罰は被教育者の道徳的認識と道徳的行為に関係している。罰は被教育者に何かをはっきりと認識させ、何かをするように教えなければならないが、その何かとは善である。」（141）このように罰は、罰せられた者を「道徳的な自己」（同）へと投げ返し、その者は「悪しき振舞いをしたことに苦悩を感じ取る。」（142）そこに「悔い改め（Reue）」がおこる。罰せられた者は、そのことにおける苦悩を通じて、よりよく行動する者となったのである。したがって罰が科せられるのは、「悪いことがなされたからであるが、罰せられた者が悪いことをしたこの態度から放たれるため」（139）なのである。罰は罰を受ける者の「人格的な道徳的な尊厳」（142）を傷つけてはならず、逆に「そうした尊厳に対する感受性の形成を助けるべきである。」（同）また罰する者は罰せられる者の悪しき行為を通じて自分が屈辱されたと感じ、それに対する復讐として罰してはならず、「罰することが許されるのは、子供をなんらかの仕方で愛し、子供との接触に自らを賭けている者だけである。」（同）罰する者も罰することにおいて苦悩する。「教育者は、全霊を挙げて許すことができなければならないし、全霊を挙げて悔い改めた被教育者を再び彼の世界と和解することができるようにしなければならないが、教育者にとっては罰したことでもって一件が落着したわけでない」（143）。

（一五）先立つ個所でランゲフェルトは、被教育者の自立という教育の目標（訳注の一〇参照）に関して次のように言っている。「自立（Selbstsẗandigkeit）」は、「同時に他の人格の独自の価値を承認することができること、孤立した個人とはなんの関係もなく、むしろ道徳的人格に特有のものである。たしかに、道徳的意味での人格はただ単に個性、共同性、道徳性を含むだけでなく、こうしたすべての究極の根底は神にあると主張しても、それは以上のことすべてと矛盾しない。」

［解説］ランゲフェルト教育言説のスタイル

皇 紀夫

1 はじめに

本書はいまからおよそ半世紀前に書かれ、その数年後にわが国で翻訳紹介されたランゲフェルトの教育論集である。それを今度復刻することになった経緯や論集構成の意図などについては、訳者である和田修二先生のあとがきにゆずることにしたい。ここでは、刊行から相当な時間を経て、その間に教育と教育に関する研究の世界が劇的な変化を遂げていることを理解したうえで、この半世紀の間に教育の世界において、何が新たに発見されそれが教育の意味として蓄積され、そして同時に、何が何によって隠されどのようにして失われていったのか、この問いを、特に後者の文脈にかかわる問いをより緊迫させるために、この教育論集を媒介的に活用したいと考えている。したがって、ランゲフェルト教育学を特徴づける決まり文句として流布してきた〝子どもの人間学〟を紹介してその賛歌を謳うつもりはないし、また混迷した時代の教育（学）者たちが熱望する「教育の根本的本質」なるものを彼の教育観に読み取ろうと目論むものでもない。ランゲフェルト教育学の神話化とそれへの回帰を望む復古的な意図を封印して、なおかつ彼の教育論に今日的な意義を発見できるのかどうかを考えてみたい。その意味で、ここでの考察はランゲフェルト教育学の解釈に向けての挑戦と考えている。

　テキスト解釈における唯一の「正しい解釈」なるものを正当化する権威主義が解体した現在、テキストをどのように読みその意味をいかに解釈するかは、読み手の関心や時代状況に対応して多様化するもので、あらかじめ客観的で不偏的な正しい内容理解が想定されるわけではなく、むしろ読み手がどのようなテキスト解釈の方法や意味発見の仕掛けを備えているか、その立場の現代性こそが問われるのである。テキストを解釈することは、新しい教育意味に出会うひとつの冒険であると言ってよい。二十世紀末の言語学的転回が開いた言語哲学や物語論の新たな展開がテキスト解釈の方法に与えた影響は大きく、教育（学）研究においてもテキストや臨床事例の意味発見のための言語学的な工夫を促してきた。少し大胆な言い方をすると、ランゲフェルト教育学の解釈によって、私たちに自明化している教育観や教育理解の仕組みがどのような仕方でゆさぶられ、それらがどのように差異化されるか、である。さらに言えば、私たちの教育観が教育の多様な意味を限定したり隠蔽したり排除していないか、それは硬直化して病んでいないか、などなど、「教育（学）の現在」に気づく手がかりをテキスト解釈を通して得たいのである。私にとってのランゲフェルト教育学とは、そのような自己変革を試みる格好の素材である、と同時にそのような相互に変換を促す応答関係の生成こそが、彼の'臨床的'と称される教育研究のスタイルでもあると考えている。

本書は八章で構成されているが、各章はそれぞれ独立した論考（講演原稿も含まれている）であって、体系的な展開を意図したものではない。いずれかの章を単独で読んでもランゲフェルトの教育観に触れることができる。全体を通して、教育（学）を体系的に論理的に語る教育（哲）学の形式と彼のそれとを比較すると、前者に馴染み深い読者にとってはその常識的とも言える立論に物足りなさを感じさせることだろう。体系的な論理構成における密度の弱さ（たとえば彼が言う現象学の独自性に関する説明の不十分さ）や子どもや教育を語る場合の用語の多義性などは、辞書的な定型的定義を重視するよりも、文脈依存的な性格が濃く、厳密な形式的思考には馴染み難い独特の物語的なスタイルのものである。本書だけでなく彼の教育言説全体に認められるこうした傾向を、体系的な構成の弱さと見るかそれとも彼の教育思想や子ども観の独自性、つまり教育的状況と子どもの寄るべない世界をまともに課題としてきた臨床経験がこうした独特の語りを生み出させたと見るか、すでにテキストの入口で、私たちは問いかけられているのである。教育的状況を抽象的で辞書的な哲学用語や心理学用語でもって理路整然と語る教育学（私たちの多くはそれを求めている）に対するランゲフェルトの厳しい批判は、その言説スタイルにすでによく現われている。このことは、ランゲフェルトが当時のヨーロッパの哲学や人間科学に無関心な自己完結的な教育研究者であったことを意味するものでは決してない。まさにその逆の立場において教育研究の革新を希図して活躍していたことを認識しておく必要がある。たとえば、本書の増補篇の注釈にうかがわれるように、彼の教育思想は、戦禍がもたらした子どもの苛酷な人生に同行する臨床経験に加えて、広範な哲学的・人間学的な知見（たとえばTh・リット、E・カッシーラー、M・ハイデガー、A・ゲーレンなど）を基調に構成されていることを念頭におかなければならない。この点でランゲフェルトは二十世紀後半のヨーロッパ教育哲学界を代表する研究者であったといえる。そのランゲフェルトが、本書に見られるように、抽象的な概念構成による論理的な体系化を目指す教育言説をあえて選ばず、独特の物語的な言説スタイルで教育を語っていることにこそ注目すべきだろう。

本書は、専門的な学術的言説と生活世界の言語との境界に布置された教育論であると考えてよいだろう。この点はきわめて重要で、「どのように語られているか」と「何が語られているか」とは密接に連関しているからである。基礎づけ主義的教育研究に親しんだ教育学者や科学主義的な観察と分析の方法に馴染んできた教育（学）者にとっては、その語り口は学術的であるというよりも多義的なふくらみをもった物語的な性格のものに見えることだろう。このような教育言説のスタイルは、本書が邦訳された当時のわが国の教育界においては理論的にも実践的にもやや特異な位置にあったと言えるだろう。特に、教育（学）を基礎づけるために人間に関する諸科学の成果を集成した総合的な人間学の構想が、教育学の学的再生として期待された時代（本書が出版された一九六〇年代後半）においては、時代的な要求とのミスマッチの印象が強かったと思う。

　ランゲフェルトの教育言説とのミスマッチは、その後のわが国教育界での彼の位置づけからも伺うことができるだろう。教育学への批判と教育学再生への彼の構想は、一時的に〝子どもの人間学〟を流行させたものの、教育（学）の関心が教育の本質を求める哲学的基礎づけ主義と学校教育の教授―学習論へと分化して、それぞれが専門主義へと傾斜を強める時代においては、その教育論は教育（学）に本気で応答しようとする真摯な教育論ではあるが、それ以上でもそれ以下でもない、地味な教育言説として忘れ去られてきた、と言い切っていいように思えるが、しかしそれは少し言い過ぎだろう。と言うのも、このような時代の大局的趨勢のなかで、本書は初版、改訂版を重ね読者を広げていったのである。おそらく、その読み手たちは、教育学の研究者層であるよりも、後述する「教育ｐ」の世界に関心をもつ大人と教師たちだったのではないかと思う。その点からすれば、彼の教育言説スタイルは成果を挙げていたと言ってよいかもしれない。しかし、教育関係の学会では、〝子どもの人間学〟や〝教育を必要とする動物〟などランゲフェルトに由来する用語が、定型的な教育学的思考を補強する決まり文句として活用され、それの流行とともに陳腐化していったと言える。いまにして思えば、このミスマッチは、教育システムの構築志向と教育理解のスタイルの変革とのスレ違いであり、文脈構成における仕組みの違い、教育をどのように語るかという語り口の違いであった。私たちは（少なくとも私は）両者の間にある差異に気づかず、一方的に自分の立場を正当化するためにその言説を利用してその限りにおいて評価しようとしていたわけで、その言説上の差異を自己変革の契機とすることに失敗していたのだ。

その後あいついで彼の教育論が翻訳紹介されるが、わが国の教育（学）界においては、幼児教育の一部を除いて強い関心を惹くことはなかったようで、京都大学の和田修二の周辺の研究者たちに語り継がれてはきたが、その場合でも本格的な研究の対象とは容易にならなかった。この傾向は地元オランダでも同様で、教育研究は実証科学と歴史研究へと分化しており、ランゲフェルト教育学の系譜は消滅しようとしていた。（これは一九九〇年代半ばのことである。最近オランダではランゲフェルト教育学への関心が芽生えてきているとの情報もあるが、詳細は不明である。）

2　教育意味の弾力化と教育者論

本書の中身を簡略化して、ランゲフェルト教育論の骨格を取り出して見せるのが定番なのだろうが、それは読み手にまかせるとして、その過程を省略して考察を進めたい(1)。

教育研究の現状への批判、というよりもそれが成立してくる十九世紀のヘルバルト教育学の系譜を引く教育学に対するランゲフェルトの非難は一見するとすさまじいものがあり、教育学の将来に対して悲観的であるように見える。彼は言う。今日まで、教育学とは、教育的事実と子どもの状況への注意深い観察と分析を基にして全体的統一的に論述したものではなく、教育をもっぱら学校教育に限定してそこでの制度的な事象である教授―学習に関する専門的領域として展開されてきた。しかも、そのように制度化された形式的な学校教育の研究すら貧弱なもので、教育学の現状は瀕死状態にある。生き残っているのは、気の抜けた偽善的非現実的な抜け殻のような教育学であるにすぎないと。さらに、教育に関する実証的な諸科学も、自然科学的立場で子どもを単純な条件反射論で説明して子どもを適応と操作の対象と見做しているなど と、多角的な教育学批判を展開しながら、ランゲフェルトは教育を二つのタイプに分ける。その一つは、教育を制度化することで全体的系統的に統制可能なものにする学校システム構築の方向である。この学校教育中心の狭義の教育をeducation(以下「教育e」と呼ぶ)とし、それと区別される第二の、より広い意味での教育つまり家庭、共同体などの生活世界全体における教育的なもの、ないしは私たちにとって「教育らしく」見える前概念的で生活直接的な事象をpedagogy(以下「教育p」)と呼び、この生活状況に即した教育の具体界の研究こそが大切であると繰り返し指摘する。

しかし、このような仕方の教育学批判によって教育のカテゴリーの転換と拡大を主張する文化批判的な論調はそれほど目新しいものではなくむしろ陳腐なもので、教育研究の近代化や実証科学化つまり「教育の科学化」を目指す研究者だけでなく、広く教育世論からも、時代錯誤の復古的な教育論であると批判されるだろうし、そうした姿勢こそが偽善的で狭隘な教育論であると逆襲されることだろう。教育学は二十世紀の後半に至ってようやく子どもに関する人間諸科学の研究成果を取り入れる総合的な人間学の構想に着手することに成功し、そしてランゲフェルト自身もまた子どもの人間学を提唱して、教育研究の新しい展開に強い希望をもった先駆者であった。その彼が、教育学の過去と現在に対して強い疑義を呈するのはなぜだろうか。つまり、教育と子どもに関する総合的な学として教育学が成立することへの期待は強いが、しかしランゲフェルトにとって、その展望は現在の教育研究を拡大した延長線上に開けているのではなかった。教育学が既成の諸学による専門化と総合化の繰り返しによって、教育という人間の経験的世界の出来事が抽象的な概念による分断とモザイク化することへの危機感を彼はもっていた。教育は容易に学的対象とはなり難い未分化で曖昧な状況において、不安定な大人――子ども関係として不確定な場所で生成している、直接的な人間的関心の実践なのである。教育状況のこのような特性からすると、それが厳密な操作的手続きによる実証科学の分析や形式的な概念と論理によって支配されることは明らかに危険であると言えるのだ。それはとりもなおさず教育言説における物語性の喪失であり、多義的世界の一義的支配なのである。

ランゲフェルトの方法は現象学的なスタイルのものであるが、それは哲学的な現象学的還元の方向（そこでは子どもの生活世界は括弧にいれられてしまう）ではなく、人間世界における「弱き者、寄るべなき者」の理解と援助に焦点化された人間学的性格のものである。「教育ｅ」が、教育世界を構成するさまざまな要素を分解して概念と記号によって再構成された人工的な操作の所産であるとすれば、「教育ｐ」は多様で多元的な教育の意味を排除せず逆に差異を包摂してつねに新しい教育意味を作り出すことが可能な、教育世界の弾力的拡充を図る力学を備えた、いわば「種」と「類」の関係が造りだす意味世界と見なせるのである。その関係は、「教育ｅ」に特徴的である、部分と全体とが等質な一元的関係として結ばれる一義的世界とは別種のものである。「教育ｐ」の世界は、種／類の包含関係によって教育における未知の出来事を排除することなく、かえってそれらによって教育理解の枠組みを自在に伸張転移させるレトリカルな仕掛けが作動している、きわめて日常的な認識スタイルのひとつなのである。[2]

この「教育ｐ」の原型の役割を果たしているのが、ランゲフェルトの教育論においては大人と子どもの関係であるといえる。もとよりその原型は実体的な存在ではなく特定の理想型などを指すわけではない。「教育ｐ」は、人間世界の大人と子ども関係の共通感覚的で半意識的なイメージが言語化されたもので、その関係自体は常に曖昧で多義的な性格のものである。「教育ｐ」の世界は、整序された一義的な意味の表現と理解――たとえば辞書的な説明法――ではなく、意味を文脈と状況の境界に解き放って、暫定的でローカルな基準にとどめ、多様な意味解釈の可能性を確保する、あの『弱い思考』に類似していると言えるだろう。少し強い表現をすれば、抽象化と必然に従属することを中断するときに顕れる想像力と言えるかもしれない。

本書に見るランゲフェルト教育論の基調は実践的規範的教育学である。その実践的規範の教育論が展開される中核には教育者論がある。教育者論とは「教育p」の実践的な課題を端的に明らかにする論点であり、ひいては「教育e」における制度的に職業化された教師の在り様を相対化してその役割意味を変換する手がかりを与えるものである。ランゲフェルトの教育者論は、こうした専門主義的な教師論をいったん解体して、教育者とは責任あるおとなの謂いであること、そして教育とは生活世界での大人と子どもの関係における「人間らしい」出来事であって、この出来事に教育意味を（再）発見する、その道筋を明らかにするものである。大人と子どもの関係における大人のありかたを教育者に見立て、その関係の成立と展開と終焉とに教育の多様な形態と意味と、そしてそれが生み出す病理とを発見する教育学を提唱していると言ってよいだろう。一見すると平凡な筋立てであるが、ここから彼は「教育p」の意味地平を開くのである。彼の教育者論は，子どもの人間学，が常に同時に，大人の人間学，と応答するものであることを、その人間学こそが実践的な教育研究であることを証明する役割を果たしている。大人は生物学的あるいは社会的意味で大人になるのではなく、子どものとの関係において創めて大人に「なる」。この関係を引き受けることによって、大人は大人としての自分自身と改めて出会う。言い換えると、大人であるとは子どもを引き受ける責任と義務に目覚めること、大人へ親へと自己成長することなのである。

大人と子どもの関係は、形式的には相互依存的であり相互形成的であるが、その関係の内容は多様で錯綜しており、葛藤と和解、対抗と共感の葛藤が繰り返し経験される実存状況そのものである。子どもに対する大人の関係には、逃れがたく責任が伴っているのであるが、しかしその責任は哲学や倫理学が唱える抽象的で内面的レベルでの人間一般へのそれではない。あるいはまた存在論的に先鋭化された絶対的「他者」への責任性に類するものでもなく、まさにそこにいるこの子どもへの、生きるすべを具えていない弱者への責任なのである。子どもとの関係は大人を「精神化」する、とランゲフェルトは言う。「親」になることは大人の片手間仕事でもなければひとつの職業でもない。子どもがそうであるのと同様、大人もまた子どもとの関係において自己発見と自己成長を繰り返すという、人間学の基本的なカテゴリーとして「親である」ことが定位されているのである。このような意味から、彼の教育者論とはまさしく〝大人の人間学〟であり、〝親の人間学〟であると言えるだろう。ランゲフェルトは『寄るべなき両親』という日本での講演で次のように話している。「（前略）しかもその場合の人間の哲学とは、（中略）夢想であるような哲学的な人間学ではなく、この寄るべなきもの、即ち人間を愛するがゆえに人間の最も不可避的にして最も困難な課題である教育に立ち向かっているところの親となった人間――に対する直接的な忠誠から生まれる哲学的な人間学であり、その意味で『教育的な人間学』でなければならない。[3]」さらに、「寄るべなきもの」は、生物学的なあるいは社会文化的な必然的過程をたどって機械的に成長する存在ではない人間の子どもだけではなく、そのような子どもを助けなければならない大人もまた寄るべなく無力な存在であること、人間の大人もまた頼りない存在であることを指摘する。つまり親は自分の子どもを養育・教育しないこと、子どもをゴミ箱に捨てることがあり得るのである。ランゲフェルトは、西洋の過去と現代において、子どもが繰り返し虐待され遺棄され差別され「人間らしい」尊厳を剝奪されてきた事実を語ることによって、親を含めて教育（学）者は、自らの寄るべなさに耐え切れず、あるいは寄るべなさを子どもの特性と限定することで、かえってしばしば傲慢に暴力的に振る舞っていることを指摘する。

教育言説において寄るべなさの「共在」（Mit-sein）を現前させるランゲフェルトの語り方は、教育状況を理解するうえで、また教育意味の起源の痕跡を洞察するうえでも注目される。寄るべなさこそは、「教育ｐ」が語られる人間世界の非能力的な意味源泉であるといえるのではないか。

寄るべなさはしばしば教育論に登場する事象であるが、しかしそれは子どもの特性としてであって、大人に及ぶことは稀である。教育においては、寄るべなさとは絶えず克服され消滅されるべき負の事象であって、それを克服するための援助こそが教育であると考えられてきた。寄るべなさは、教育活動が成立する人間学的根拠としてどこまでも保持すべきである、と同時にあるいはそれゆえに、教育の働きによって消滅させられるべき有り様でもある、という、教育にとってはきわめて両義的な性格をもつものであった。とはいえ、寄るべなさは、つねに教育の支配下におかれるべき従属的な負の事象であることが求められてきた。そして教育者としての大人における寄るべなさは、それを廃棄する立場におかれることによって、寄るべなさとは無関係な人間であるかのように振る舞うことを強要され、寄るべなさから疎外され続けているのである。その疎外状況は同時に子どもにおける状況でもある。私たちはしばしばランゲフェルトの教育学のキーワードとして「教育されうる動物 animal educabile」や「教育されねばならぬ動物 animal educandum」などを好んで使うが、これらの用語には、寄るべなさの共在という文脈での教育の意味が含意されていることを忘れてはならない。さもないと、これらの用語は生物学的で一義的な「教育ｅ」必要論に簡単に回収されたちまち陳腐化するだろう。そのような文脈においてではなく、教育の意味発見はつねに同時に寄るべなさの露呈でもあるのだ。寄るべなさが立ち現われるたびに、教育の可能性・必要性が開かれるのであり、教育世界の広がりと開けに対応して、人間の寄るべなさはいっそう深まる。両者は切り離されて孤立しているのではなく、寄るべなさが完済されるわけではない。ランゲフェルトの教育学を称して臨床教育学と特徴づけられてきたのであるが、その臨床教育学とは明らかに人間の子どもにおける寄るべなさの尊厳に意味を発しているといってよいだろう。

本書増補篇のタイトルは「教育学の哲学的根本問題――教育を必要とする『動物』としての人間」である。このことに関してランゲフェルトの考え方を紹介しておきたい。「（先立つ章のあちこちで、）人間を単に自然の産物として見るのではない人間観のもとでだけ教育学が可能であると言ったが、このことは結局ここで述べていることと同じことになる。哲学的人間学が人間は単に自然の産物ではないということの原則を擁護するならば、すべての経験的所与は哲学的人間学の味方につくことがいまや実際にわかっている。／したがって、人間は『教育を必要とする動物』であるということはなんらかの別の仕方で理解されなければならない。詳しく言うと、この『動物』はその精神性のゆえに独自の存在者であり、それだから『教育においてある人間《ホモ・エドゥカンドゥス》』と言い方がよい。(4)」

彼の教育者論の基底には、寄るべなき大人を寄るべなき無力なものが助ける、つまり「われわれ教育関係者こそ本当はまったく寄るべない存在なのである」という当惑と覚悟がある。「教育的な人間学」は、寄るべなき存在として人間を見立てるその見立て方において特徴があり、そのような覚束ない危うい存在が互いに助け合う関係として教育が考えられている。大人の大人らしさとは人間生活の責任に参与することであるとランゲフェルトは述べるが、さらにそれは「弱き無力な隣人のために配慮する」ことと具体化されている。教育者の子どもへの責任もまたこの人格像圏に属すると考えてよい。それは、教職という職業倫理のカテゴリーとは別種の、より全体的で包括的でありながら同時に個別的である、直接に私の責任を問う言説であると言えるだろう。

3　意味争奪は終焉したのか

ランゲフェルトの教育者論が開く「教育的な人間学」の世界は、寄るべない存在という人間の「弱さ」を焦点化することで、教育の成立根拠を生物学的条件や社会的な功利主義的根拠から切り離し、かえって教育者の責任を顕在化させるという逆説的な論である。これは、二十世紀半ばの哲学的人間学が、人間を生物学的本能に欠ける欠陥存在あるいは非確定的存在と定義した人間観と類似しているが、ランゲフェルトにおいては、この「弱さ」を補償あるいは克服する営みとして教育の必要を強調する文脈を優先肥大させるのではなく、そうではなくて人間のありかたとしてむしろその「弱さ」を奪回して、「弱さ」「寄るべなさ」において改めて教育の意味を再生しようとしていると思う。親の役割とは「弱きものをその弱き力をとおして形成すること」（本書九二頁）なのである。これはさりげなく言われているが、なかなか厄介なセリフで、実存地平としての弱さに人間とその子どもを出現させる予言的雰囲気を醸し出す語り方であるが、さしあたっては寄るべなさという不完全や未完成を完成に向けて支援するという通念的な教育観を差異化する反転の仕掛けであると考えておきたい。「弱者の世界（Welt der Schwächen）に与することこそ（中略）まさにその途上にある、か弱き存在としての「子ども」という独自な幼い人間のありかたを、せめて正しく把握することの可能な場は、こうした「弱者の世界」を措いて他におそらく存在しないであろう」[5]。これはありきたりの教育（学）の前提を捨て新しい地平において子どもを語り直そうとする勇気ある呼びかけである。生活世界において周縁化され意味の境界領域へと追いやられる寄るべなさ、傷つきやすさは、教育においても排除され、そのありかたに留まる権利の放棄を促す役割を演じており、教育において、少なくとも「教育e」にあっては痕跡としてしか存続することが許されないのである。寄るべなさは、人間の本質を規定する存在論的なカテゴリーとは区別される、中間的で発生的なありかたを指しており、究極の目的への到達が保証されていない、そのようなありかたとして名指され、そのようなものとして露呈された人間のありようと言える。

ランゲフェルト教育学は、教育の意味地平から排除されて忘れられている寄るべなさの「救済」を目指していると言えるのではないか。彼の教育学は、第二次大戦で繰り返された人間破壊の悲劇の体験とその悲惨を生き延びた子どもたちへの支援の経験とに基礎づけられた文字通りの臨床教育学であり、子どもたちが「人間らしさ」を取り戻す過程に共在するなかで誕生した教育学であった。寄るべなさ、傷つきやすさが、子どもと大人のありかたとして復権させられる教育学の構想は、それらの克服と転換を目指す教育観――そしてその典型として「教育e」が作り出された――と対峙する教育意味の争奪の場所を開いていると言ってよい。しかし、先に見た通り、この争奪の場はすれ違いに終わり、ランゲフェルトの教育学は、彼の批判と転換のターゲットであった「教育e」の世界にかえって適当に回収されてしまい、「教育p」や教育者としての大人の責任への関心を十分に喚起することができなかった。

それ以降の事情については、我が国の教育（学）研究をめぐる政治的・学術的次元の動向を射程に入れた分析が必要である。ただ次の動向を思い起こすことは、ランゲフェルト教育学の理解にとって是非とも必要であると思う。一九八〇年代以降今日に至るまで、学校教育を中核として拡大強化されてきた我が国の教育システムが、学校や家庭において深刻な問題状況を引き起こしていること、そしてそれらの問題への「教育e」の対応がかえって問題を変異させ次の新しい問題を産出するという、いわば問題状況拡大のスパイラルに落ち込んでいるという事態について、教師はもとより大人、親は「教育者」の当事者としてどのように責任を引き受けるかである。最近の顕著な現象は、この種の厄介な問題の対応に関して、教師や親の当事者としての対応責任が免責され、教育外部の第三者の「専門家」委員会が調査診断して、当事者は参考人程度の役割で済まされるという傾向である。家庭や学校で発生する『問題』を子どもと大人の関係において「どのように語るか」という、『問題』の意味を解釈する臨床教育学の作業を素通りして、調査と処理と再発防止策を一直線で結ぶ思考形式は、それ自体すでに深い病理的現象であると思う。そしてランゲフェルトが指摘し、その役割の再生を期待した「教育p」世界もまたそのありかたを変化させており、寄るべなさは人間世界の意味地平において隠蔽され排除され根本的に遺棄されようとしているのではないだろうか。つまり、寄るべなさは人間世界の地平から制度としての教育によって組織的に排除され、締め出され放廃されるというそのようなありかたとして人間世界に保存されているということだろう。

寄るべなき者同士が共在する「弱者の世界」における応答・援助の関係に教育意味の源泉を求めたランゲフェルト教育学は、ある意味で現在の教育がたどる衰弱の道を予感していたといえるかもしれない。しかし、彼の教育論は時代に先駆けていたがゆえに当時の教育（学）とのミスマッチに終わっただけではなく、その言説の独自性として、既存の教育学との対決と再生を演出する変換的言説スタイル（ここでは物語的言説と呼んだ）を自覚的に具えていたとは言えず、むしろその語り口は通俗的な印象を与える「さりげない」ものであった。本書を手にされる方々も、その内容の「さりげなさ」にむしろ物足りなさを感じる人が多いのではないかと思う。私たちは本書で彼が警告した、哲学の台所で料理された熱すぎる料理、それに触れることもできない教育学、という自省の言葉と、ある〝哲学者〟の箴言「大切なことほど、さりげなく言うべきものです」とを重ね結構してみると、ランゲフェルトの教育言説が開くテキスト世界に新しい風景が見えるのではないかと思う。

（1）ランゲフェルト教育学の最近の研究については『ランゲフェルト教育学との対話――「子どもの人間学」への応答』（和田修二・皇紀夫・矢野智司編、玉川大学出版部、二〇一一年）に収められている諸論文を参照されるとよい。この論集はランゲフェルト没後二〇周年を記念して出版されたもので、今日のわが国の教育学の関心領域や方法さらに水準を知る手がかりになると思う。

（2）レトリック論の研究は最近盛んである。入門書として以下のものを挙げておく。佐藤信夫『レトリックの意味論』他二部（講談社学術文庫、一九九六年）。野内良三『レトリックと認識』（ＮＨＫブックス、二〇〇〇年）。瀬戸賢一『認知文法のエッセンス』（大修館書店、二〇〇八年）。
（3）ランゲフェルト『寄るべなき両親』和田修二監訳、玉川大学出版部、一九八〇年、一九頁）
（4）本書増補篇一九五―一九六頁。
（5）ランゲフェルト『続　人間と教育の省察』（岡田渥美・和田修二監訳、玉川大学出版部、一九七六年、二三頁）

訳者あとがき

私がユトレヒト大学で初めてランゲフェルトの講義を聴いたのは、一九六三年十月のことである。

私がオランダに留学したのは、大学時代の恩師であった高坂正顕先生の『大学の理念』という本の挿話から、ランゲフェルトの名を知ったからであった。それは高坂先生がヨーロッパの大学視察の途中、我が国でも周知のO・F・ボルノーと会われたときのことで、先生がボルノー教授にいまドイツで最も注目すべき学者は誰かと尋ねられたところ、ボルノーが「すぐれた学者はドイツではなく外国にいる。自分はスイスのビンスワンガーとオランダのランゲフェルトがすぐれていると思う」と言ったという話であった。

当時、私は大学院を出て大学講師になったところであったが、正直に言って教育学に対する自信と希望を失いかけていた。これにはわけがあって、私は旧制中学一年のとき日本が敗戦し、戦後の混乱と被占領下での価値観と教育の激変を痛切に体験した。私が教育学を学んだ一九五〇年代から六〇年代にかけては、今度は革新的な政治勢力やイデオロギーと連携して教育を社会変革の手段と考える思想と運動が教育学界の主流として全盛であった時期であるが、私は戦後の混乱のなかで否応なく人間と世間の裏側を見てしまったために、素直に時流に同調することができなかった。このときのニヒリズムと対決するために、私は実存哲学とキリスト教神学を学び、そこから多くを得ることができたが、それを自分の信条として生きることには無理があった。こうした個人的な事情にくわえて、私が行き詰まっていたのは、政治的なイデオロギーであれ哲学的な思想、社会科学的な理論であれ、教育関係者が他の学問や知識を応用して教育や教育学を考えたり教育の実践を指導しようとすることを続けているかぎり、教育と教育学の軽視はなくならないというジレンマである。そうしたおりにヨーロッパの新しい教育学として我が国に入ってきたのが教育人間学であった。そしてドイツ語圏では、ランゲフェルトはボルノーとともにこの教育人間学を代表する学者とみられていたのである。

留学して私がランゲフェルトに会った第一印象は、背が高く恰幅のよい、それでいて厳めしさをまったく感じさせない、明るくユーモアのある老紳士であった。しかしその講義は私が予期していたものとはまったく違ったスタイルのものだったので私は当惑したが、そんなあるとき、人間学的研究とは何かという私の問いにたいして、「これがそれだ」といってランゲフェルトから渡されたのが、『一人の父親をもつということ』という本書第5章に訳出した論文であった。これが機縁になって私は留学中から彼の論文や主著の翻訳を始めたが、彼の学問的な研究と業績の意義が本当にわかるようになったのは、なんといっても留学二年目に家族ぐるみでランゲフェルト家に住みこんで直接教えを受けることができたからである。この間のことは拙著『教育の本道』に書いたので、読んでいただければありがたい。とにかく、私はこのオランダ留学によって、我が国の公立中心で画一的平等主義的な教育制度とは対極的な教育制度をもち、小国ながら大国に伍して自信をもって独自の道を歩んでいるこの国の人々の生活を知って、またランゲフェルトというよき師と出会うことによって、改めて教育と教育学の原点を自覚することができた。そして近代化以来、われわれのなかに定着した学校中心の功利主義的な教育観と教授学中心の教育学とは違った教育の見方が可能であり重要であることを確信して、教育学に対する希望と勇気を取り戻すことができたのである。

私がランゲフェルト家で生活してわかったことは、ランゲフェルトが十指に及ぶ言語に通じた博学の人であるだけでなく、国際的にも多彩な活動の経歴をもち、教育学以外の分野にも影響力をもつような当時としてはまことに斬新で創造的な研究をしていたことであった。なかでも印象深かったのは、彼の思想と理論が第二次大戦で悲惨な体験をしたために深い心の傷を負って苦しんでいる人々、わけても子供たちの相談と支援の実践と経験に裏打ちされたものだったことである。『アンネの日記』で知られるように、オランダは戦時中ナチスによる最も苛酷なユダヤ人迫害が行なわれた国であった。また私が留学したときは、まだインドネシアで日本軍の被害を受けて帰国したオランダ人が大勢いて、ランゲフェルト夫人の身内もその一人であったが、ランゲフェルトご夫妻はそうしたことを噫《おくび》にも出さず、私たち家族を温かく受け容れ、そのもてるすべてをさりげなく、しかも惜しみなく与えてくれたのである。
　日常的なやさしさとは対照的に、ランゲフェルトは学問的には厳しい人で、自分の弟子たちが単なる追随者《エピゴーネン》として自分の影のなかで生きることを望まなかった。そこで私は留学を了えるにあたって、彼から学んだことのなかから何を私自身の課題として受け継ぐべきかを考えた。その結果、ランゲフェルトの「子供の人間学」にヒントを得て、個々の子供が直接経験している生活世界の意味を知ることを起点として、その子供の人間的な成長を助けるために、その子供だけでなく同時にまわりの大人の日常生活を反省し、子供からみた大人の課題と責任を問い直すというかたちで、教育学を子供と大人の経験的で実践的、規範的な人間学として構築してみたいと思ったのである。その手始めとしてランゲフェルトの論文を私が編集して邦訳したのが本書であった。

　本書の原文は（1）*Disintegration and Reintegration of Pedagogy*: International Review of Education Vol. IV 1958.（2）*Kind und Jugendlicher in anthropologischer Sicht*: Quelle & Meyer, Heidelberg 1959.（3）*Die Beziehungen der Eltern zum Kind*: Das Kind in unserer Zeit, Stuttgart 1958.（4）Einen Vater zu haben: Zeitschrift für Pädagogik IX 1963.（5）*Anthropologie und Psychologie der Erziehers* Pädagogische Rundschau, 19 (1965), 9.（6）*School and Education in an Affluent Society*: Internationale pädagogische Kontakte, Heidelberg 1963. で（1）と（6）はのちに独文で彼の *Erziehungskunde und Wirklichkeit*,

Wetermann, Braunschweig 1971 に収録されている。

あれからすでに五〇年が過ぎて、世界も我が国も大きく変わってしまったが、省みて私が曲がりなりにもこの間を教育学者として生きることができたのは、ランゲフェルトから学んだ教育の真理、すなわち人はみなまったく頼りなく寄るべない子供として生まれるが、この人間の根源的な寄るべなさ、頼りなさを見つめ、頼りない者を自分自身も頼りないにもかかわらず助けるのが教育であり、教育こそ自分はなぜ生まれたのか、人生の意味とは何かという問いに対する答えであるという「理会」があったからである。

ランゲフェルトはその後、一九七〇年代に二度、文化庁と京都大学の招聘で来日し、私は同志の人々とその講演を出版して、本書を含めて版を重ねることができたが、それがこの国にどのように受け取られ、日本の教育学に何を残したかについては、客観的に語ることができない。確かに私はランゲフェルトについて語り、私のしたことの多くはランゲフェルトに負うているが、それは彼が私にとって絶対的な教祖であったからでもなく、また格好な学問的研究の対象であったからでもない、ギュスドルフのいう「師」であったからであって、私はいまでもランゲフェルトと対話して生きているつもりだからである。ただ一つ、私にこの国における確かな彼の影響として記すことが許されるならば、それは一九八八年に京都大学大学院教育学研究科に我が国で初めて「臨床教育学」専攻が創設されたことで、この創設に関わった私の発想の元は、当初から臨床的な性格をもっていたランゲフェルト教育学にあったと言ってよいからである。

このようなわけで、このたび未來社の西谷能英社長の御厚情により、本書が増補されて再刊されることになったのはまことに有難いことであったが、それは同時にこれまでの私の盲点に気づいたからでもあった。それは我が国では学界も含めて外来の思想や理論はまず翻訳を通して新しい理論的なモデルとして受け取られるという事情であって、教育学は子供と両親のためにあるという基本的な立場に間違いはなかったとしても、ランゲフェルトの主著が翻訳されていない、少なくとも彼の『理論的教育学』の翻訳を私が中断したままにしてきたことには大きな責任があると思ったからである。その意味で吉村文男氏と皇紀夫氏の御助力によって、本書が新しいランゲフェルト理解のきっかけとなることができれば、これに過ぎる喜びはない。改めて吉村、皇両氏、未來社の西谷社長に心から御礼申し上げたいと思う。

二〇一三年一月

和田修二

ミード、ジョージ・ハーバート・(George Herbert Mead)　66
ミル、ジョン・スチュワート・(John Stuart Mill)　153, 174, 176
ミルズ、チャールズ・ライト（Charles Wright Mills）　176
モーガン、チャールズ（Charles Morgan）　19, 184
モーガン、ロイド（Lloyd Morgan）　184, 205
モンテソーリ、マリア（Maria Montessori）　13, 76, 77

ラ行・ワ行

ライプニッツ、ゴットフリート・ヴィルヘルム（Gottfried Wilhelm Leibniz）　21
リコーバー、ハイマン・ジョージ（Hyman George Rickover）　164, 165, 166, 175
リッケルト、ハインリヒ（Heinrich John Rickert）　41, 49
リット、テオドール（Theodor Litt）　67, 147, 206, 209, 210, 224
ルソー、ジャン＝ジャック（Jean-Jaques Rousseau）　22, 159
ルター、マルティン（Martin Luther）　210
ロバック、アブラハム・アーロン（Abraham Aaron Roback）　168, 175
ワトソン、ジョン（John Watson）　18

フィヒテ、ヨハン・ゴットリープ（Johann Gottlieb Fichte）　199
フェルメール、エディット（Edith Vermeer）　60
ブーゼマン、アドルフ（Adorf Busemann）　50, 70
プライエル、ウィルヘルム（Wilhelm Thierry Preyer）　77, 78, 159
ブラウワー、ジョージ（George C. Brauer）　169, 175
プラトン（Platon）　9, 10, 187, 189-191, 199, 217
フリットナー、ウィルヘルム（Wilhelm Flitner）　67, 147
ブルーバッカー、ジョン（John S. Brubacher）　9, 14, 33
ブルンナー、エミール（Emil Brunner）　190, 208, 210, 211
プレスナー、ヘルムート（Helmut Plessner）　207
フロイト、ジークムント（Sigmund Freud）　27, 74-77, 98, 109, 111, 117, 127
フンボルト、ウィルヘルム・フォン・（Friedrich Wilhelm Christian Karl Ferdinand Freiherr von Humboldt）　153
ヘーゲル、ゲオルク・ヴィルヘルム・フリードリヒ・（Georg Wilhelm Friedrich Hegel）　189, 199, 210
ペーツェルト、アルフレッド（Alfred Petzelt）　50
ヘーベルリーン、パウル（Paul Häberlin）　51, 69
ベストー、アーサー（Arthur Bestor）　166
ベドナリク、カール（Karl Bednarik）　30
ベルグソン、アンリ（Henri-Louis）　174, 189-191, 205, 206, 208, 218
ヘルバルト、ヨハン・フリードリヒ（Johan Friedrich Herbart）　12, 227
ペレス、ベルナルド（Bernard Pérez）　159, 175
ペレッチ、マルセロ（Marcello Peretti）　160, 174
ボナパルト、マリー（Marie Bonaparte）　73
ポパー、カール（Karl Raimund Popper）　157, 165, 174
ポラーン、ラモン（Raymond Polin）　55, 70, 127
ホール、スタンレイ（Stanley Hall）　161
ボルノー、オットー・フリードリッヒ（Otto Friedrich Bollnow）　116, 127, 240, 241
ポルトマン、アドルフ（Adolf Portmann）　50, 55, 70
ホワイト、ウィリアム（William H. Whyte）　33, 39, 49

マ行

マレー、ヘンリー（Henry Murray）　27
マン、ノーマン（Norman L. Munn）　9, 11, 18, 19, 22, 42, 50, 55, 169, 202, 210

シュテルン、ルドウィヒ・ウィリアム（Ludwig William Stern）　27, 28, 65, 70
シュトラウス、エルヴィン（Erwin Straus）　18, 32
シュプランガー、エドワルト（Edward Spranger）　27, 50, 65, 67, 143
ジルソン、エティエンヌ（Étienne Gilson）　191, 208
スペンサー、ハーバート（Herbert Spencer）　205
スミス、モーティマ（Mortimer Smith）　166
ゼルツ、オットー（Otto Selz）　28
ソシュール、フェルディナン・ド、（Ferdinand de Saussure）　209

タ行

ダーウィン、チャールズ（Charles Robert Darwin）　21, 41
ターマン、レーヴィス（Lewis Terman）　18, 19
ティーデマン、ディートリッヒ（Dietrich Tiedemann）　22, 33
デカルト、ルネ、（René Descartes）　21, 22, 52
デューイ、ジョン（John Dewey）　9-14
デュフレーヌ、ミケル（Mikel Dufrenne）　27, 33, 71
デルボラフ、ヨーゼフ（Josef Derbolav）　205
トーニー、リチャード（Richard H. Tawney）　208
ドベス、モーリス（Maurice Debesse）　65
トマス、アクィナス（Aquinas Thomas）　191
トリオレ、エルザ、（Elsa Triolet）　148
トールマン、エドワード（Edward C. Tolman）　18
トレルチ、エルンスト、（Ernst Troeltsch）　41

ハ行

バイテンダイク、フレデリック（Frederik Jacobus Johannes Buytendijk）　50
ハウスデン、レスリー（Leslie George Housden）　159, 174
バーザン、ジャック（Jaques Barzun）　166
パッカード、ヴァンス（Vance Packard）　33, 39, 49
パブロフ、イヴァン・ピトローヴィチ（Ivan Petrovich Pavlov）　17, 18
バラウフ、テオドール（Thedor Ballauf）　205
ハルトマン、ニコライ（Nicolai Hartmann）　202, 208, 210, 211
ピアジェ、ジャン（Jean Piaget）　27
ビューラー、カール（Karl Bühler）　60, 65,, 126, 209
ファン・デン・ベルク、ヤン（Jan Hendrik Van den Berg）　68, 71

人名索引

ア行

アウグスティヌス、アウレリウス（Aurelius Augustinus）　191
アドラー、アルフレッド（Alfred Adler）　31, 33
アリエス、フィリップ（Philippe Ariès）　159, 174
アリストテレス（Aristoteles）　199
ヴァーノン、フィリップ（Philip Vernon）　167, 175
ヴント、ウィルヘルム（Wilhelm Wundt）　25
オースベル、デヴィッド（David P. Ausubel）　69, 71
オーディエ、シャルル（Charles Ordier）　27, 33
オリゲネス（Origenes）　191

カ行

カーマイケル、レオナルド（Leonard Carmichael）　41, 49
カルヴァン、ジャン（Jean Calvin）　210
カント、イマニュエル（Immanuel Kant）　185, 186, 206, 207, 209, 216, 217
ギュスドルフ、ジョルジュ（George Gusdorf）　70, 127, 244
グッドイナフ、フロレンス（Flerence L. Goodenough）　42
クラーク、エディト（Edith Clarke）　62, 71
クラクホーン、クライド（Klyde Kluckhohn）　71, 97
クリーク、エルンスト（Ernst Krieck）　210
クンツ、ハンス（Hans Kunz）　39, 49
ケイ、エレン（Ellen Key）　33, 82
ゲゼル、アーノルド（Arnold Gesell）　51, 52, 69
ケルシェンシュタイナー、ゲオルグ（Georg Kerschensteiner）　13
コーエン、アルバート（Albert Cohen）　31
コーンスタム、フィリップ（Philipp A. Kohnstamm）　27, 50, 199
コント、オーギュスト（August Comte）　22

サ行

シェーラー、マックス、（Max Scheler）　41, 49, 199, 210
シェルスキー、ヘルムート（Helmut Schlsky）　30
シャーラー、クラウス（Klaus Schaller）　205

●略歴

マルティヌス・J・ランゲフェルト (Martinus Jan Langeveld, 1905-1989)
オランダのハーレム市に生まれる。ハンブルク、ライプチヒ、アムステルダムの各大学でW. シュテルン、E. カッシーラー、Th. リット、Ph. コーンスタム、H. J. ポスから心理学、哲学、教育学、言語学を学ぶ。ギムナジウム教師となり、学校心理および児童相談に従事。1934年、アムステルダム大学講師となり、「言語と教育」で博士学位取得。1939年、ユトレヒト大学准教授となり、教育科学、一般教授学、発達心理学を担当。ユトレヒト大学に教育学研究科を創設。1946年、ユトレヒト大学教授となり、ロッテルダム教育学－社会科学アカデミー創立。オランダ教育系大学教授連合会会長を経て、1958年、オランダ王立学士院会員となる。また、国際的にも *International Review of Education* の共同設立者および編集者、*Acta psychologica: European Journal of psychology, Paedagogische Studiën, Human Development* の編集者、*Paedagogica Europaea: Europäisches Jahrbuch für pädagogische Forshung* の共同設立者および編集者、International Association for the Advancement of Educational Research の設立者として活躍した。
　主な著書に以下のものがある。
Einführung in die Pädagogik, E. Klett, Stuttgart 1951.
Studien zur Anthropologie des Kindes, M. Niemeyer, Tübingen 1956.
Das Kind und der Glaube, G. Westermann, Braunschweig 1959.
Die Schule als Weg des Kindes, G. Westermann, Braunschweig 1960.
Einführung in die theoretische Pädagogik, E. Klett, Stuttgart 1965.
Erziechungskunde und Wirklichkeit, G. Westermann, Braunschweig 1971.
Wenn Kinder Sorgen machen, G. Westermann, Braunschweig 1978.

和田修二（わだ・しゅうじ）

1932年生まれ。京都大学大学院教育学研究科博士課程中退。専門は教育学、教育人間学。

京都大学教授、仏教大学教授、名古屋女子大学教授を経て、現在、京都大学名誉教授。

著書に『子どもの人間学』（第一法規）、『教育する勇気』『教育の本道』（以上、玉川大学出版部）、『ランゲフェルト教育学との対話』（玉川大学出版部、編著）、訳書にランゲフェルト『よるべなき両親』（玉川大学出版部、監訳）ほか。

皇紀夫（すめらぎ・のりお）

1940年生まれ。京都大学大学院教育学研究科博士課程中退。専門は教育人間学、臨床教育学。

京都女子大学教授、京都大学大学院教育学研究科教授、大谷大学教授を経て、現在、京都大学名誉教授。

編著に『「人間と教育」を語り直す』（ミネルヴァ書房）、『臨床教育学の生成』『日本の教育人間学』（以上、玉川大学出版部）、『臨床教育学』（アカデミア出版会）ほか。

吉村文男（よしむら・ふみお）

1940年生まれ。京都大学大学院教育学研究科博士課程中退。専門は教育哲学、哲学的人間学。

京都教育大学教授を経て、現在、奈良産業大学教授。京都教育大学名誉教授。

著書に『学び住むものとしての人間』『ヤスパース　人間存在の哲学』（以上、、春風社）、『教育人間学の根本問題』（燈影舎、共著）、訳書にキュンメル『時間の人間学的構造』（理想社）、キュンメル『倫理と対話――道徳教育の人間学的探究』（晃洋書房）ほか。

[転換期を読む 17]

教育の人間学的考察【増補改訂版】

2013年4月1日　初版第一刷発行

本体2800円＋税――――定価

マルティヌス・J・ランゲフェルト――――著者

和田修二――――訳者

西谷能英――――発行者

株式会社　未來社――――発行所

東京都文京区小石川3－7－2
振替 00170-3-87385
電話(03)3814-5521
http://www.miraisha.co.jp/
Email:info@miraisha.co.jp

萩原印刷――――印刷

ISBN 978-4-624-93437-8 C0337

未紹介の名著や読み直される古典を、ハンディな判で

［消費税別］

シリーズ❖転換期を読む

1 望みのときに
モーリス・ブランショ著◉谷口博史訳◉一八〇〇円

2 ストイックなコメディアンたち——フローベール、ジョイス、ベケット
ヒュー・ケナー著◉富山英俊訳／高山宏解説◉一九〇〇円

3 ルネサンス哲学——付：イタリア紀行
ミルチア・エリアーデ著◉石井忠厚訳◉一八〇〇円

4 国民国家と経済政策
マックス・ウェーバー著◉田中真晴訳・解説◉一五〇〇円

5 国民革命幻想
上村忠男編訳◉一五〇〇円

6 ［新版］魯迅
竹内好著◉鵜飼哲解説◉二〇〇〇円

7 幻視のなかの政治
埴谷雄高著◉高橋順一解説◉二四〇〇円

8 当世流行劇場——18世紀ヴェネツィア、絢爛たるバロック・オペラ制作のてんやわんやの舞台裏
ベネデット・マルチェッロ著◉小田切慎平・小野里香織訳◉一八〇〇円

9 〔新版〕澱河歌の周辺
安東次男著◉粟津則雄解説◉二八〇〇円

10 信仰と科学
アレクサンドル・ボグダーノフ著◉佐藤正則訳・解説◉二二〇〇円

11 ヴィーコの哲学
ベネデット・クローチェ著◉上村忠男編訳・解説◉二〇〇〇円

12 ホッブズの弁明／異端
トマス・ホッブズ著◉水田洋編訳・解説◉一八〇〇円

13 イギリス革命講義——クロムウェルの共和国
トマス・ヒル・グリーン著◉田中浩・佐野正子訳◉二二〇〇円

14 南欧怪談三題
ランペドゥーザ、A・フランス、メリメ著◉西本晃二編訳・解説◉一八〇〇円

15 音楽の詩学
イーゴリ・ストラヴィンスキー著◉笠羽映子訳・解説◉一八〇〇円

16 私の人生の年代記　ストラヴィンスキー自伝
イーゴリ・ストラヴィンスキー著◉笠羽映子訳・解説◉二二〇〇円